プリント形式のリアル過去問で本番の臨場感！

群馬県 中央中等教育学校
四ツ葉学園中等教育学校
公立 太田中学校

2025年春受験用 **解答集**

本書は，実物をなるべくそのままに，プリント形式で年度ごとに収録しています。
問題用紙を教科別に分けて使うことができるので，本番さながらの演習ができます。

■ 収録内容

・解答集(この冊子です)

書籍ＩＤ番号，この問題集の使い方，最新年度実物データ，リアル過去問の活用，
解答例と解説，ご使用にあたってのお願い・ご注意，お問い合わせ

・2024(令和６)年度 ～ 2018(平成30)年度　学力検査問題

JN132007

○は収録あり

年度	'24	'23	'22	'21	'20	'19
■ 問題※	○	○	○	○	○	○
■ 解答用紙	○	○	○	○	○	○
■ 配点						

上記に2018年度を加えた7年分を収録しています
※適性検査Ｉ(共通)，適性検査II(中央中等教育学校)，パーソナルプレゼンテーション(PP)事前課題(四ツ葉学園中等教育学校)，作文(太田中)を収録
2024年度はPPの当日課題も収録(発表用紙は収録していません)
注)問題文等非掲載:2021年度太田中の作文，2020年度中央中等教育学校の適性検査IIと太田中の作文

全分野に解説があります

問題文の非掲載につきまして

著作権上の都合により，本書に収録している過去入試問題の本文の一部を掲載しておりません。ご不便をおかけし，誠に申し訳ございません。

教英出版

■ 書籍ＩＤ番号

入試に役立つダウンロード付録や学校情報などを随時更新して掲載しています。
教英出版ウェブサイトの「ご購入者様のページ」画面で，書籍ＩＤ番号を入力してご利用ください。

書籍ＩＤ番号　101209

（有効期限：2025年9月30日まで）

【入試に役立つダウンロード付録】
「要点のまとめ(国語／算数)」
「課題作文演習」ほか

■ この問題集の使い方

年度ごとにプリント形式で収録しています。針を外して教科ごとに分けて使用します。①片側，②中央のどちらかでとじてありますので，下図を参考に，問題用紙と解答用紙に分けて準備をしましょう（解答用紙がない場合もあります)。

針を外すときは，けがをしないように十分注意してください。また，針を外すと紛失しやすくなりますので気をつけましょう。

① 片側でとじてあるもの

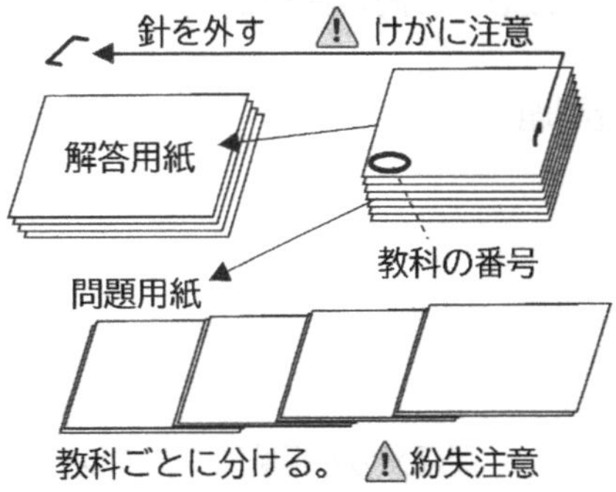

② 中央でとじてあるもの

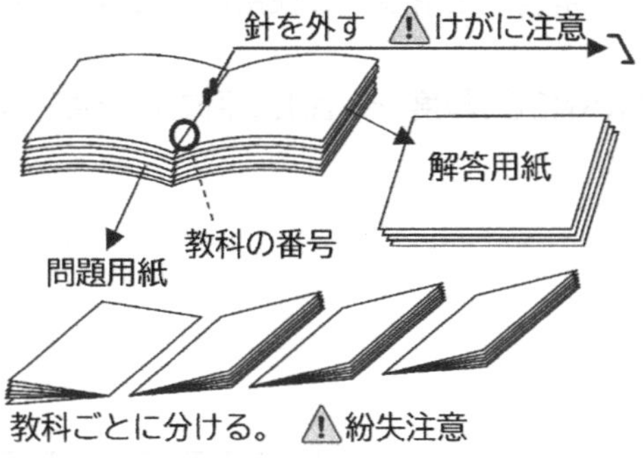

※教科数が上図と異なる場合があります。
解答用紙がない場合や，問題と一体になっている場合があります。
教科の番号は，教科ごとに分けるときの参考にしてください。

■ 最新年度 実物データ

実物をなるべくそのままに編集していますが，収録の都合上，実際の試験問題とは異なる場合があります。実物のサイズ，様式は右表で確認してください。

問題用紙	Ａ４冊子(二つ折り) 四ツ葉：ＰＰはＡ３プリント
解答用紙	Ｂ４片面プリント

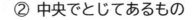

リアル過去問の活用

～リアル過去問なら入試本番で力を発揮することができる～

本番を体験しよう！

問題用紙の形式（縦向き / 横向き），問題の配置や余白など，実物に近い紙面構成なので本番の臨場感が味わえます。まずはパラパラとめくって眺めてみてください。「これが志望校の入試問題なんだ！」と思えば入試に向けて気持ちが高まることでしょう。

入試を知ろう！

同じ教科の過去数年分の問題紙面を並べて，見比べてみましょう。

① 問題の量
毎年同じ大問数か，年によって違うのか，また全体の問題量はどのくらいか知っておきましょう。どのくらいのスピードで解けば時間内に終わるのか，大問ひとつにかけられる時間を計算してみましょう。

② 出題分野
よく出題されている分野とそうでない分野を見つけましょう。同じような問題が過去にも出題されていることに気がつくはずです。

③ 出題順序
得意な分野が毎年同じ大問番号で出題されていると分かれば，本番で取りこぼさないように先回りして解答することができるでしょう。

④ 解答方法
記述式か選択式か（マークシートか），見ておきましょう。記述式なら，単位まで書く必要があるかどうか，文字数はどのくらいかなど，細かいところまでチェックしておきましょう。計算過程を書く必要があるかどうかも重要です。

⑤ 問題の難易度
必ず正解したい基本問題，条件や指示の読み間違いといったケアレスミスに気をつけたい問題，後回しにしたほうがいい問題などをチェックしておきましょう。

問題を解こう！

志望校の入試傾向をつかんだら，問題を何度も解いていきましょう。ほかにも問題文の独特な言いまわしや，その学校独自の答え方を発見できることもあるでしょう。オリンピックや環境問題など，話題になった出来事を毎年出題する学校だと分かれば，日頃のニュースの見かたも変わってきます。

こうして志望校の入試傾向を知り対策を立てることこそが，過去問を解く最大の理由なのです。

実力を知ろう！

過去問を解くにあたって，得点はそれほど重要ではありません。大切なのは，志望校の過去問演習を通して，苦手な教科，苦手な分野を知ることです。苦手な教科，分野が分かったら，教科書や参考書に戻って重点的に学習する時間をつくりましょう。今の自分の実力を知れば，入試本番までの勉強の道すじが見えてきます。

試験に慣れよう！

入試では時間配分も重要です。本番で時間が足りなくなってあわてないように，リアル過去問で実戦演習をして，時間配分や出題パターンに慣れておきましょう。教科ごとに気持ちを切り替える練習もしておきましょう。

心を整えよう！

入試は誰でも緊張するものです。入試前日になったら，演習をやり尽くしたリアル過去問の表紙を眺めてみましょう。問題の内容を見る必要はもうありません。どんな形式だったかな？受験番号や氏名はどこに書くのかな？…ほんの少し見ておくだけでも，志望校の入試に向けて心の準備が整うことでしょう。

そして入試本番では，見慣れた問題紙面が緊張した心を落ち着かせてくれるはずです。

※まれに入試形式を変更する学校もありますが，条件はほかの受験生も同じです。心を整えてあせらずに問題に取りかかりましょう。

中央中等教育学校
四ツ葉学園中等教育学校
太田中学校

2024 令和６年度 適性検査Ⅰ

※四ツ葉学園中等教育学校のパーソナルプレゼンテーションの解答例は収録していません。

《解答例》

【問題１】 ⑴１か月間で５回以上図書室に行く人のわり合　⑵５　理由…１日に 18 さつてん示するので，20 日間では，18×20＝360 で，360 さつ分てん示できる。しょうかいする本は 72 さつなので，360÷72＝５から，１さつあたり５日間てん示できる。　⑶①右図　②２～６年生は，自分が読んでよかった本のしょうかいを，ジャンルごとに色のちがう花型のカードに書いてください。花型カードは木の絵の近くにあります。書けたら昼休みに図書委員にわたしてください。みんなで花がいっぱいさいた木を作りましょう。

⑷ジャンルビンゴという活動を考えました。ビンゴカードのます目にジャンル名を書いたものを用意し，各ジャンルの本の貸し出しがあるたびに，ます目にスタンプをおします。列がそろったら，記念品をわたします。

【問題２】 ⑴準備は大変だけれど，はん全員で協力でき，来てくれた家族に喜んでもらえる　⑵グループの人に，音楽に合わせてとんでいる様子を，動画さつえいしてもらう。　⑶国語　理由…発表に使える時間は，５時間目が 40 分，６時間目が 22 分である。国語はんと音楽はんの発表は，５時間目と６時間目に分けるので，５時間目に体育はんと音楽はん，６時間目に国語はんの発表を行えばよい。だから，４番目は国語はんになる。　⑷13，30　⑸今日のために，発表内容や練習計画を考えて準備してきました。今日は，３つのはんに分かれて，学んだことを発表します。わたしたちが協力して取り組むすがたを見てもらえたらうれしいです。

《解　説》

【問題１】

⑴　資料１の２つの円グラフを比べて，割合が増えている項目《こうもく》を探せばよい。

⑵　解答例以外に，以下のように考えることもできる。

72 冊それぞれを１日ずつ展示していくと，72÷18＝４(日)でちょうどすべての本を展示し終える。

これを 20÷４＝５(回)くり返せるので，１冊あたり５日間展示できる。

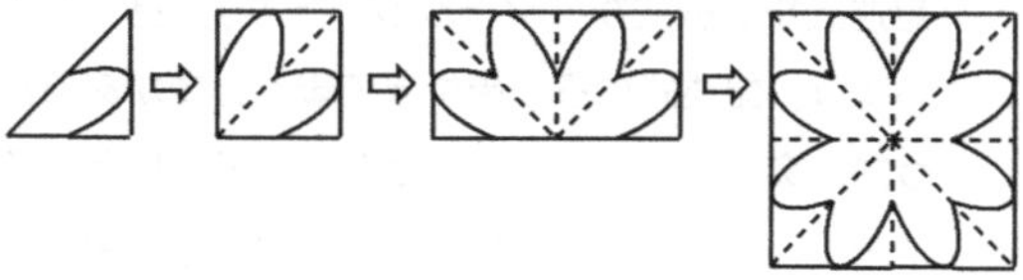

⑶①　切った紙を，折ったときと逆に開いていくときの図をかいていくと，右図のようになる。

②　計画メモから，２～６年生にやってもらいたいことや目的，注意する点などを選び，まとめる。

【問題２】

⑶　発表に使える時間は，５時間目が開会式を除いた，45－５＝40(分)，６時間目が全員での合唱，家族へのプレゼント，閉会式を除いた，45－10－８－５＝22(分)である。６時間目は国語班の発表か音楽班の発表に限られるが，６時間目を音楽班の発表にすると，５時間目の発表に 22＋22＝44(分)必要となり，時間が足りない。した

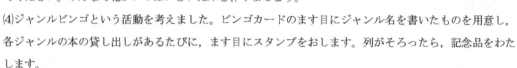

がって，６時間目の発表は国語班の発表になる。

(4) 型紙の大きさは，縦 24×２＝48(cm)，横 32 cmだから，１つのトートバッグに必要な布の大きさは，縦 48＋2.5×２＝53(cm)，横 32＋２×２＝36(cm)である。購入する生地の幅は 110 cmだから，この布を横に，110÷36＝３余り２より，３枚並べられる。横に３枚並んだ列が，75÷３＝25(列)必要だから，必要な縦の長さの合計は，53×25＝1325(cm)→13m25 cmである。生地は長さ 10 cm単位で販売されているので，購入する長さは 13m 30 cmである。

中央中等教育学校　2024 令和6 年度　適性検査Ⅱ

《解答例》

問一　ぬりはしばこ／右図

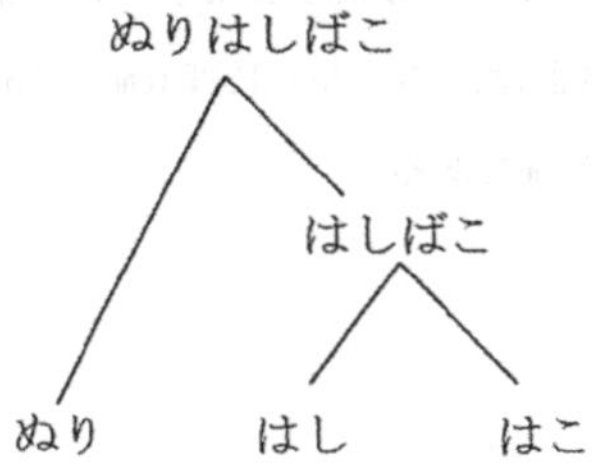

問二　「にせたぬきじる」と「にせだぬきじる」は、意味が異なる。このように、濁点が付くか付かないかでなぜ意味の違いが出てくるのか、また、教わってもいないのになぜその違いがわかるのかといった不思議を発見できるところがおもしろい。

問三　電気を節約するためにできるだけエアコンを使わないようにすることで、熱中しょうになるリスクが高まる。

問四　環境問題に関する選択肢には、それぞれ一長一短があって、どれを選んでも弱点がある。このようなトレードオフが存在するとき、答えはひとつに決まらず、ときには複数の選択肢を併存させる必要があり、その解決はむずかしいから。

問五　私は、文章Aを書いた研究者のように、身近な問題に目を向けてみたい。また、文章Bを書いた研究者が、ドジョウの個性についてプラスだけでなくマイナスの面も考えたように、トレードオフの存在を意識し、物事の一面だけにとらわれることなく、冷静で客観的な判断ができるように気をつけたい。

《解　説》

問一　まず，連濁《れんだく》とライマンの法則の内容をおさえる。「日本語では二つの単語をくっつけて新しい単語をつくる時に，二番目の先頭の音に濁点が付く場合があります。これを『連濁』と呼びます」「二番目の単語がすでに濁音を含《ふく》む場合は連濁が起きません。これを『ライマンの法則』といいます」とある。設問の場合，「はし」が塗《ぬ》られている場合は，まず「ぬり」と「はし」をくっつけて新しい単語をつくる。すると，連濁によって「はし」に濁点が付き，「ぬりばし」となる。さらに連濁によって「はこ」に濁点が付き，「ぬりばしばこ」となる。一方，「はこ」が塗られている場合は，まず「はし」と「はこ」をくっつけて新しい単語をつくる。すると，連濁によって「はこ」に濁点が付き，「はしばこ」となる。ここに「ぬり」をくっつける場合，「はしばこ」という単語がすでに濁音を含むので，「ぬりばしばこ」とはならず，「ぬりはしばこ」となる(ライマンの法則)。これを樹形図《じゅけいず》で表すと，「ぬりはしばこ」が「ぬり」と「はしばこ」に分かれ，さらに「はしばこ」が「はし」と「はこ」に分かれる。

問二　後の方に「この不思議を発見できるのが，言語学の魅力《みりょく》の一つです」とある。その前に，「この不思議」の内容が説明されているので，濁点の有無による意味の違《ちが》いにふれながらまとめる。

問三　トレードオフとは，「何かを得るために何かを失うという関係性のこと」。

問四　同じ段落に，「トレードオフが存在するとき，答えはひとつに決まらない～環境《かんきょう》問題に関する選択《せんたく》には，このようなトレードオフが存在することが多々あるのだ～ときには，複数の選択肢《せんたくし》を併存《へいぞん》させるリスクヘッジという考え方が必要になったりする。このように環境問題の解決はむずかしいことを理解しておくことはなにかの役に立つと思う」とある。つまり，トレードオフが存在し，答えがひとつに決まらないという解決がむずかしい問題について，これをやればすべて解決という方法は存在しないのである。

《解答例》

〈作文のポイント〉

・最初に自分の主張、立場を明確に決め、その内容に沿って書いていく。

・わかりやすい表現を心がける。自信のない表現や漢字は使わない。

さらにくわしい作文の書き方・作文例はこちら！→https://kyoei-syuppan.net/mobile/files/sakupo.html

※四ツ葉学園中等教育学校のパーソナルプレゼンテーションの解答例は収録していません。

《解答例》

【問題１】⑴①５　②人にぶつかってけがをさせてしまう　⑵ア．70　イ．49　⑶修正案【言葉】…学校のきまり校舎内を走ってはいけない／「きけん，はしるな！」に直す　修正案【イラスト】…×／大きく書く
⑷①校舎内を走ったときにけがをするかもしれないと考えた人のわり合　②(例文)校舎内を走ってしまった理由の２回目を見ると，授業におくれそうになって，急いだために走ってしまっているようです。わすれ物がないように，休み時間に次の授業の準備をしたり，時間によゆうをもって次の教室に移動したりするようにしましょう。

【問題２】⑴(例文)みんなが団結して，全力で競技に取り組むことで，みんなが楽しかったと思える運動会にしたいという思いがこめられています。　⑵【(あ)の長さ】…２，65　【理由】…板が21まい，板と板の間が20か所あるので，スローガン全体をはるためには，70×21＋50×20＝2470㎝の長さが必要となる。ベランダの長さが3000㎝であり，(あ)と(い)の長さは等しいので，(あ)の長さは(3000－2470)÷２＝265㎝となるから。
⑶【玉を投げる場所からかごまでのきょり】…3.0　【かごの高さ】…2.4　【理由】…玉を数える時間は最長で２分30秒だから150秒ある。１つの玉を数えるのに２秒かかるから，150秒間では75個数えることができる。１分間で玉が75個入るとき20秒間では25個入るので，ノートの表において，入った玉の個数が平均25個以下で，できるだけ多くの玉が入っているきょりと高さにすればいいから。　⑷(例文)わたしたちが集合場所に行く前に，１年生に声をかけるのはどうかな。　⑸(例文)お手紙ありがとう。ときょう走は，れんしゅうすれば，きっとはやくなるから，がんばってね。かかりのしごとは，うんどう会がうまくいくために大切なことだから，一生けんめいとりくんだよ。らい年のうんどう会も，みんなでたのしめるといいね。

《解　説》

【問題１】

⑴①　校舎内でけがをした児童の人数は４月が３人，５月が５人，６月が７人，７月が５人である。よって，４月から７月までの平均は(３＋５＋７＋５)÷４＝５(人)である。

②　直前の弘樹《ひろき》さんの会話中に，(自分が)転んでけがをしてしまうこと，きまりがあることを言っているので，それら以外にろうかを走ってはいけない理由を考える。

⑵　この１か月の間に，１回でも校舎内を走ってしまった人は全校児童 490 人のうち 343 人である。よって，343÷490×100＝70(%)となる。

また，この 343 人のうち，校舎内を走ってはいけないというきまりがあることを知らなかった人は 12 人である。この 12 人全員が校舎内を走ったときにけがをするかもしれないと考えた 61 人にふくまれるとき，校舎内を走ったときにけがをするかもしれないと考えた人で，走ってはいけないというきまりを知っていたのに走ってしまった人数が最も少なくなる。よって求める人数は 61－12＝49(人)である。

⑶　会話文で「校舎内を走ってしまった人のうち，<u>きまりがあることを知っていた人は多かった</u>から，この掲示物《けいじぶつ》

だと，走る人は減らないかもしれないね」「なぜそのきまりがあるのかを伝えた方がいいよね」と言っているから，「きまり」を伝える内容から，走ることでけがをする等のきけんがあることを伝える内容に変更《へんこう》する。また，デザインについては「はなれたところから見ても分かりやすいもの」に修正する。

⑷① 1回目と2回目のアンケートの結果を比べると，この1か月の間に，1回でも校舎内を走ってしまったことがある人数は343人から92人に減っている。一方で，1回でも校舎内を走ってしまった人のうち，校舎内を走ったときにけがをするかもしれないと考えた人の割合は61÷343×100＝17.7…(%)から32÷92×100＝34.7…(%)に増えている。 ② 走ってしまった理由の2回目の回答には「わすれ物をしたことに気がついて，急いで教室にもどったから」「次の授業が始まる直前まで図書室で本を読んでいて，授業におくれそうになったから」とある。このことをふまえてまとめる。

【問題2】

⑴ 会話文から，「勝つことだけを目指したスローガン」ではなく，「みんなではげまし合って，全力で取り組んでいくこと」「『みんなで』を強調する」ことを意識したスローガンであることが分かる。

⑵ 横の長さが70㎝の板が21枚あるから，全部で70×21＝1470(㎝)である。また，板と板の間隔《かんかく》の数は，21－1＝20あるから，全部で50×20＝1000(㎝)である。これらの和をベランダの長さから引くと(あ)と(い)の長さの和になる。

⑶ 玉を投げる時間は，本番では1分＝60秒，練習中は20秒だから，本番で入る玉の個数は練習中の$\frac{60}{20}$＝3(倍)になると考えられる。

⑷ 直美《なおみ》さんたちは，リレー選手の招集(あつめること)を担当するが，去年は，集合場所に来なかった1年生がいたと言っている。そして，リレーの集合場所は2か所あること，リレーのときは選手だけが移動するので，周りの人と移動できないこと，放送だけだと聞こえないかもしれないこと，の3つの問題点をあげている。これらの問題点を解決できるような内容を書く。

《解答例》

【問題Ⅰ】問一．(例文)私は家の中の人の動きや脈拍などを感知し、たおれたり体調に異変があったりしたら、外部に自動で知らせてくれるセンサがあればよいと思います。高れい化が進み、一人暮らしのお年寄りが増えているので、家がお年寄りを見守ってくれれば、はなれて暮らす家族も安心だと思うからです。カメラで映像を映すのではなく、センサで動きがあるかどうか、脈拍が正常かどうかだけを感知すれば、プライバシーも守られると思います。　問二．(例文)私はスマートホームが、人間が考え、行動する機会をうばってしまうことに違和感があります。たとえば、私は折り紙を折るのが好きですが、何を折るか考え、好きな色を選んで、紙の手ざわりを感じながら折るから楽しいのだと思います。外出先からエアコンの電源を入れたり、自動で照明を調整してくれたりしたら便利ですが、自分で気温や外の暗さを感じて行動することがなくなってしまいます。人間が考え、行動する機会が減ってしまうので、スマートホームが生活を楽しくしたり豊かにしたりするとは思えません。

【問題Ⅱ】問一．外国人と語るべき教養を身につけているかどうかで、世界で活躍できるかどうかが違ってくるということ。　問二．大学で学ぶ、絵画や音楽、文学などのはば広い教養。　問三．(例文)私は生き物が好きなので、将来はじゅう医になりたいと思っています。そのため、主に理科の勉強をがんばっていました。一方で、音楽や図工の授業は、あまり大切だと思っていなかったので、ふざけてしまうこともありました。しかし、この文章を読んで、色々な人と出会って関係を築いていくためには、受験に関係のない教養も大切なのだとわかりました。そこで、まずは授業をきっかけにして、興味をもった絵画や音楽などについては、自分で本を読んだり音楽を聞いたりして知識を深めるようにして、自主的に学んでいきたいと思います。

《解　説》

【問題Ⅰ】

問一　センサについての基本的な説明(「センサは日本語では感知器、検出器といいます」「検知するのは、温度や音量、明るさ、動き、圧力などです。センサはそれらを検出、測定、記録する装置《そうち》です」)と、「スマートセンシング」(「ＩｏＴの技術と組み合わさり、大量のデータを得ていくことが可能になります」)と、「リモートセンシング」(「離《はな》れた場所にあるものを遠隔《えんかく》で操作《そうさ》したり、計測したりすることを『リモートセンシング』といいます」)の説明をふまえて自分の考えをまとめる。

問二　本文で説明されている「スマートホーム」について、「未来の家、理想の家」としてどのような「違和感《いわかん》」があるのかを説明する。

【問題Ⅱ】

問一　世界で活躍《かつやく》する官僚《かんりょう》や企業《きぎょう》経営者たちの中には「全然英語で話せなくて愕然《がくぜん》としたという経験」をする者がいるが、筆者は第４段落で「(国際会議の)夜の立食パーティーで話ができないのは、英語で話すべき内容を持っていないところに問題があります」と述べている。そして、傍線部の直前で「あなたもグローバルな世界で活躍しようと思えば、英語は必須《ひっす》です。しかしそれ以上に大事なことは、英語で語るべきものを持っているかどうかです」と述べている。よって、傍線部の「ここ」は、「英語で語るべきものをもっているかどうか」を指している。本文に、アメリカの大学ではリベラルアーツ(＝教養)を身につけるが、日本のエリートは身につける人が少ないとあることもふまえて、「語るべきもの」が、教養であることをふくめてまとめるとよい。

問二　第４段落の「アメリカの大学は４年間、徹底的《てっていてき》にリベラルアーツを教えています。アメリカのエリートたちは大学時代に深い教養を身につけているので～みんな絵画やオペラ、シェークスピアなどの文学について滔々《とうとう》と語り合っています」を参照。第５段落の内容より、「教養」を「教養科目」としてもよい。

《解答例》

【課題１】（例文）

近くから見ると、左のカエルが右のカエルを池につき落としているように見えるが、遠くから見ると、上から落ちてくるリンゴに当たらないように、左のカエルが右のカエルをおしたように見える。視点が変わるだけで、いじわるな行動が、親切な行動へと一八〇度変わって見える。作者は、物事を理解するには、広い視野をもつことや、色々な角度から物事を見ることが大切なのだということを伝えたいのだと思う。

【課題２】（例文）

私はこのまんがを読んで、運動会の練習で、クラスでもめたことを思い出した。放課後にクラス全員で長縄とびの練習をしようと決めたのに、Ａ君だけ先に帰ってしまうのだ。クラスの人達は、Ａ君の悪口を言うようになり、自分も練習に参加したくないと言う人が出てきた。体育委員だった私は困ってしまい、Ａ君を注意してほしいと先生に言いに行った。

しかし、先生はＡ君にも何か事情があるかもしれないから、まずは早く帰ってしまう理由を直接Ａ君に聞いてみてはどうかと提案してくれた。そこでＡ君に理由を聞くと、最近、お母さんが骨折してしまい、買い物などができないので、Ａ君が早く帰って手伝っているのだと教えてくれた。そのことを自分から言うのが照れくさくてだまっていたそうだ。この話を聞いて、急にＡ君が立派に見え、Ａ君を悪く思っていた自分がはずかしくなった。物事を決めつける前に、よく状きょうを調べることが大切だと考えた。

中央中等教育学校
四ツ葉学園中等教育学校
太田中学校

2022 令和4年度 適性検査Ⅰ

※四ツ葉学園中等教育学校のパーソナルプレゼンテーションの解答例は収録していません。

《解答例》

【問題１】⑴(例文)自動車は少ないけれど，見通しが悪いところや，歩道や信号がないところもあって，歩くときには注意が必要だからだよ。　⑵61台で，同じである。　⑶10，30　⑷①おいそがしい中，インタビューを受けてくださりありがとうございます。わたしたちは，通学路の交通安全について調べています。今日は，タナカ花店さんのお近くの，道路の様子についてうかがいたいと思いますので，よろしくお願いします。
②イ．曜日　ウ．天気（イとウは順不同）　⑸注意してほしい場所の写真をはったり，注意してほしい内容をイラストで示したりして，何に気をつければいいのかが一目でわかるようにするのはどうかな。

【問題２】⑴①１年生は，６年生と比べると，「楽しめた」と答えた人の数が少なく，「あまり楽しめなかった」，「楽しめなかった」と答えた人も多い　②「１年生に学校のことを知ってもらう」というかんげい会のめあても達成できるし，１年生がすわって聞いているだけでなく，いっしょに参加して楽しめるから
⑵今日の３時間目に，体育館で１年生かんげい会をします。学校しょうかいのげきや〇×クイズ，メッセージカードのプレゼントがあります。１年生は，６年生といっしょに入場します。入場の前に，６年生が教室にむかえに来るので，待っていてください。かんげい会にむけて，みんなで準備をがんばってきました。今日は楽しんでください。　⑶【必要なカードのまい数】445　【カードの大きさ】たて…13　横…18
【理由】必要なカードのまい数は，２年生から５年生までの分が356まいで，６年生が書く１年生分が89まいなので，計445まいとなる。画用紙１まいあたり，カードを９まいずつ切ると，50×９＝450まいのカードを作ることができるので，画用紙１まいあたりから，９まいのカードを切り分ければよい。１まいの画用紙から，同じ大きさで，できるだけ大きいカードを９まい作るには，画用紙のたてを３等分，横を３等分して，画用紙のたて39㎝÷３＝13㎝，横54㎝÷３＝18㎝とすればよいから。
⑷【反省点１】計画を立てるときに，プログラム内容の１つ１つが，予定の時間内に終わるかどうかを，事前によく確かめておく。　【反省点２】クイズを始める前に，「正解を発表したあとは，次の問題を言うので，すぐに静かにしてほしい」ということを，みんなにお願いしておく。

《解　説》

【問題１】

⑴　解答例の他に「ガードレールがない」「カーブが多い」などを盛り込んでもよい。細い道路で安全対策を十分にできないのは，それらを設置することで車がすれ違えなくなってしまうためである。

⑵　つつじ小学校の方へ曲がる自動車は，「北から西へ」走る自動車と，「南から西へ」走る自動車である。
よって，朝は46＋15＝61(台)，夕方は32＋29＝61(台)なので，同じである。

⑶　結衣さんたちの歩く速さは，分速(500÷８)ｍ＝分速62.5ｍである。歩く道のりは1.3㎞＝1300ｍなので，赤信号で待つ時間を除くと，歩く時間は1300÷62.5＝20.8(分)となる。

3か所の交差点でそれぞれ最大の84秒＝$\frac{84}{60}$分＝1.4分待つ場合は，全部で1.4×3＝4.2(分)待つことになるので，歩く時間と待つ時間の合計は，最大で20.8＋4.2＝25(分)となる。

11時－5分＝10時55分にはタナカ花店に着きたいので，求める時間は，10時55分－25分＝10時30分

(4)① 最初に，インタビューを受けてくれたことへのお礼を述べよう。問いに「インタビューの目的にふれながら」とあるので，会話文をふり返ろう。その中で「細い道路も調べた方がいいと思うよ」「わたしたちが通る細い道路というと，タナカ花店の西側の道路だね」「地区の人にインタビューをして，道路の様子を聞いてみたいな」と話していたことから，「タナカ花店の田中《たなか》さん」にお願いしたのだとわかる。なぜ道路について調べているのかというと，総合的な学習の時間に「通学路の交通安全について調べ」ているからである。この事情が田中さんに伝わるように，順番を考えて説明しよう。 ア の後で田中さんが「よろしくお願いします」と答えてくれているので，あいさつの最後は「よろしくお願いします」にしよう。　② 空らんの直前の「ほかにも」は，「時間帯」のほかにも，という意味である。「時間帯」以外に，同じ道路の「交通の様子が変わ」る条件を考えよう。

(5) 会話文で「通学路で注意が必要な場所や内容が，みんなにうまく伝わるようにしたいな」「文字ばかりだと，読むのに時間がかかるし」と話していたことから，「どの学年の子が見ても，一目でわかるような地図」を作ろうとしているのである。「文字ばかり」にならないで，見ただけですぐに伝わるような工夫を考えよう。

【問題2】

(1)① ア の直前の「たしかにそうですが」の「そう」とは，その前で陽子《ようこ》さんが言った「『楽しめた』，『少し楽しめた』と答えた人がとても多い」というとらえ方を指す。資料2を「よく見ると」，単純に「『楽しめた』，『少し楽しめた』と答えた人がとても多い」と言い切れるわけではないということを指摘《してき》しているのである。1年生のための会であることを考え，立場のちがいによる感想のちがいに着目しよう。　② まず，プログラムの5「学校しょうかい」は，会のめあて「1年生をみんなで温かくむかえる」「1年生に学校のことを知ってもらう」のうち，「1年生に学校のことを知ってもらう」にあたることをおさえる。次に，「げき」と「〇×クイズ」のちがいを考えよう。「資料3のアンケート結果をもとに」という指定がヒントになる。「ずっとすわって聞いているのがたいくつだった」という課題が，クイズに参加することで解消できると結びつく。

(2) まず，いつ，どこで，何が行われるのかを説明しよう。資料3のアンケート結果にあるとおり，1年生は「どんな行事かわからなくて不安だった」とあるから，メモの「内容」の「学校しょうかい」を「げき」と「〇×クイズ」で行うことをきちんと説明し，上級生からメッセージカードをもらえるという楽しみも伝えておこう。また，まだ学校に慣れていない1年生が入場の仕方を不安に思わないように，むかえに来るまで教室で待っていればよいこともわかりやすく伝えよう。「メモに書かれたことをすべて伝える」という条件があるから，1年生に楽しんでもらいたいという気持ちから準備をがんばったことも入れて，かんげいの気持ちを表そう。

(3) 2～5年生は1人1枚書き，6年生は1年生の人数と同じく89枚書くから，メッセージカードは全部で90＋91＋89＋86＋89＝445(枚)書く。できるだけ大きなカードを作るので，50枚の画用紙を全部使うようにすると，445÷50＝8.9より，画用紙1枚で9枚のカードを切り分ければよいとわかる。

3×3＝9より，画用紙の縦と横を3等分することで，9枚の同じ大きさのカードを作ることができ，このときの縦は39÷3＝13(㎝)，横は54÷3＝18(㎝)となり，どちらも10㎝以上だから，条件に合う。

(4) 【反省点1】については，予定の時間内に終わるためにはどうすれば良いかを，具体的に示そう。【反省点2】については，正解できた人たちの「喜ぶ声」が上がることを想定して，その盛り上がりと司会進行がかみあうように，おたがいに認識を共有できる工夫《くふう》を考えよう。

《解答例》

【問題】問一．(例文)私は、氷に塩をかけるとなぜ温度が下がるのかに興味を持ち、調べました。すると、氷がとける時にも、食塩がとける時にも、周りの熱をうばうからだということがわかりました。コップに水と氷を入れ、温度を測りながら食塩を加えていくと、0℃より下がっていくという実験もしてみました。このことを利用すれば、ゆでためんを急いで冷やすなど、熱い物を一気に冷ますことができると考えました。

問二．(例文)私は、緑色になる可能性が高いと思います。なぜなら、生きた植物の青臭いにおいがしない、曲率半径が小さい、温度が高い、湿度が高いということが読み取れるからです。ひものテクスチャーはわかりませんが、本文に出てきた五つの条件のうち、緑色になる条件が三つそろっているので、緑色になるだろうと考えました。　問三．㈠ア．ウサギ　イ．チーター　ウ．バクテリア　エ．植物プランクトン　オ．ミジンコ　カ．ワカサギ　㈡(例文)私は、悪者にしてはいないと思います。同じ湖にいる生物たちは、みな食物連鎖でつながっています。同じ環境に生きるもの同士、食べたり食べられたりすることを想定したうえで、支え合っているはずです。そして、ブラックバスにも、つながりの中での役割があると思っているはずです。だから、他の魚を食べるからといって、ブラックバスだけが悪者だという考え方はしないと思います。

問四．(例文)私は、一つの見方にとらわれずに、いろいろな角度から物事を考えることが大切だと思いました。文章Aの筆者は、他の専門家の意見を参考にしながら、疑問を追究していきました。文章Bの筆者は、よく聞く言い方に疑問を持ち、生態系について改めて考えています。そのように、当たり前だと思ってしまいそうなことでも、立ち止まってよく考え、広い視野でとらえ直すことが大切だと考えました。

《解　説》

【問題】

問二　文章Aから，「におい，曲率半径，テクスチャー(質感)，温度，湿度《しつど》」という5つの条件のうち，緑色になる条件のほうが多ければ緑色に，茶色になる条件のほうが多ければ茶色になるのだと読み取れる。「ひも」は「におい」(生きている植物の青臭《あおくさ》いにおい)はしないので，茶色になる条件。「細いひも」は「曲率半径」は小さいので緑色の条件。「ひも」の「テクスチャー(質感)」は不明。「温室」は「温度」が高いので，緑色の条件。「ジメジメした」は「湿度」が高いので，緑色の条件。緑色になる条件が三つそろっているので，緑色だと考えられる。

問三㈠　「草原」の生態系《せいたいけい》は，文章Bの中で述べている「『草→シマウマ→ライオン』という食物連鎖《れんさ》」と同じ関係である。「シマウマやウサギなど～植食《しょくしょく》動物」「この動物(植食動物)を食べて生きている肉食動物～ライオンやチーターなど」と説明しているので，アには「ウサギ」，イには「チーター」が入るとわかる。「湖」の生態系については，文章Bの中で「光合成を行って太陽エネルギーを取りこんでいるのは植物プランクトンです。そして，それはミジンコに食べられます～次にミジンコはワカサギなどの小魚に食べられます」と述べているので，エには「植物プランクトン」，オには「ミジンコ」，カには「ワカサギ」が入るとわかる。「草原」と「湖」の両方にあるウは，文章Bの「忘《わす》れてはいけない大切な役割～バクテリアなどの分解者～分解者がいないと，世の中は生物の死体だらけ～死体が分解されることによって～元素がもとの無機物にもどります」という説明から，「バクテリア」だとわかる。　㈡　筆者は「ブラックバスが湖の生態系を壊《こわ》す」と聞くと「思わず首をかしげ」，「そうだとするとおかしいですよね。湖には魚しかいないのでしょうか」と述べている。つまり，生態系が壊れたわけではなく，変化したのであって，「壊す」という言い方は人間の見方だということ。よって，この問いかけに対しては「悪者にはしていないと思う」と言うだろうと考えられる。それをふまえて「あなたの考え」を聞かれているので，文章を正しく読み取ったうえで，自分はどのように考えるのか，すじ道を立てて説明しよう。

《解答例》

【課題１】(例文)

自分のミスや弱点をふり返ることは、自分を高めるために、大切なことだと思う。ミスや弱点を放置したら、それ以上成長することはできないからだ。ミスは、どのようなタイミングでなぜ起きたのか原因を探り、二度とくり返さないようにする。弱点は、弱点であることを自覚して、少しずつこく服し、強みに変えていく。これらができれば、さらに自分を前進させ、成長することができると思う。

【課題２】(例文)

私の弱点は、人前に出るときん張してしまうことだ。小学校の児童集会で、初めて全校児童の前に立って話をした時、頭が真っ白になってしまい、伝えたい内容を最後まで筋道立てて話すことができなかった。

この時は、もう大勢の人の前で話すのはいやだと思った。しかし、担任の先生には、むしろ人前で話す経験を増やすべきだと言われた。まずは、クラス全員の前で、次は学年集会で、と段階を追って、少しずつ慣らしていった。六年生になってからは、児童会の役員になったので、全校児童の前で話をする機会が増えて、少しずつ度胸がすわってきた。

太田中学校に入学したら、人前に出る時に、またきん張してしまうことがあると思う。しかし、小学校の時の経験を生かして、あせらないで少しずつ慣らしていって、弱点をこく服したいと思う。弱点を強みに変えられるように、私は自分の弱点を放置したくないと思っている。

中央中等教育学校
四ツ葉学園中等教育学校
太田中学校

2021 令和3年度 適性検査Ⅰ

※四ツ葉学園中等教育学校のパーソナルプレゼンテーションの解答例は収録していません。

《解答例》

【問題１】 ⑴それぞれの寺についてもっとよく調べて，もう一度話し合って決めたらどうかな。

⑵ア．10時35分　イ．６　ウ．つつじ寺に着くのが11時30分を過ぎてしまうから選べないことが分かったよ。　エ．13時45分

⑶ショッピングモールのかん板やかべを神社のふん囲気に合った落ち着いた色にする。

【問題２】 ⑴ふだんそうじができないところまで校舎をきれいにして，在校生がこれからも気持ちよく校舎を使えるようにすることで，「ありがとう」の気持ちが伝わると思うから

⑵35　⑶①大きさ　②使っていないちょうこく刀を出したままにしない。／ちょうこく刀の前に手を置かない。　③ボトル１本分のニスでぬることができた部品のまい数を数え，512 まいをそのまい数でわり，あまりがない場合は商の本数を準備し，あまりがある場合は，商に１を加えた本数を準備する。

⑷（例文）

みんなで歌った群馬小学校の校歌の校歌額をおくることで，在校生のみなさんにありがとうの気持ちを伝えたいと思いました。この校歌額は，６年生全員で分たんして作業し，歌しの部分をひとつずつちょうこく刀でほってから，ニスをぬって作りました。

《解　説》

【問題１】

⑵　資料３より，Ｂ寺→歴史資料館の最初のバスは10時５分発で，次はア 10時35分発である。

３つある見学先のうち，最初にいく見学先は３通りある。その３通りに対して，２番目に行く見学先が残りの２通りあり，３番目に行く見学先は残りの１通りになるので，全部で３×２×１＝イ ６（コース）の組み合わせがある。

ウについて考える。Ｂ寺→さくら神社の最初のバスは10時５分発だから，さくら神社を見学してから出るのは，10時５分＋20分＋30分＝10時55分である。そこから，さくら神社→つつじ寺のバスに乗れるのは11時５分発で，つつじ寺に着くのは11時５分＋30分＝11時35分となり，11時30分までに入場することができないから，このコースは選べないことがわかる。

Ｂ寺→歴史資料館→つつじ寺→さくら神社→Ｃ寺のコースについて考える。10時５分発のＢ寺→歴史資料館のバスに乗り，10時５分＋15分＋20分＝10時40分に歴史資料館を出る。10時45分発の歴史資料館→つつじ寺のバスに乗り，10時45分＋30分＋20分＝11時35分につつじ寺を出る。11時40分発のつつじ寺→さくら神社のバスに乗り，昼食をとって，11時40分＋30分＋30分＋40分＝13時20分にさくら神社を出る。13時30分発のさくら神社→Ｃ寺のバスに乗り，13時30分＋15分＝エ 13時45分にＣ寺に到着する。

⑶　一段落の「歴史的価値のあるものや古い街並みを守りながら，街の開発がすすんでいる」に着目し，二段落の「神社の静かで落ち着いたふん囲気がどうなってしまうか心配」と関連付ける。歴史的景観を守るため，ショッピングモールの外観や屋外広告物などを，街の風景に調和させるアイデアをまとめればよい。

【問題２】

⑵　１㎝＝10㎜だから，部品はたてと横が120㎜＝12㎝，厚さが10㎜＝１㎝である。

木の板１枚を使って部品をつくると，たてに60÷12＝５(まい)，横に，40÷12＝３余り４より３まいだけ切り出せるので，部品は全部で５×３＝15(まい)できる。よって，512÷15＝34余り２より，木の板は最低35まい購入すればよい。

⑶①　体育館で校歌を歌うときにみんなから見えるような校歌額《がく》を作るので，大きさを統一するべきである。

②　ちょうこく刀に限らず，はさみなどの刃物を使用する際は，刃物を持っていない方の手を刃の進行方向に置かないこと，使っていない刃物を出しっぱなしにしておかないことに気をつけよう。

③　ボトル１本分のニスでぬることができた部品を□まいとする。

521まいぬるのに必要なニスは，521÷□(本分)となるので，解答例のように説明できる。

《解答例》

【問題】 問一．自分もふくめ、一人一人の人間は分子のようなものであり、みんなが集まって世の中を作り、世の中の波に動かされて生きているが、みんながただばらばらに生きているわけではなく、目に見えない多くの人とつながり合って、この社会が成り立っているということ。

問二．(例文)

私は、新型コロナウイルスの感染拡大をきっかけに、人と人、社会的な出来事と自分との関わりについて考えた。不要不急の外出をさけ、つねにマスクをするなど、生活が大きく変わったのは、大人から子どもまでみんなが協力し合って、社会全体でこの危機を乗りこえるためだ。社会的な出来事と自分は密接に関わっていて、自分もふくめ、一人一人が協力し合うことで社会を大きく変えられるということに気づいた。

問三．旅に出るというのは、肉体的、空間的な意味あいだけでなく、精神的な部分も含まれ、むしろこの意味あいの方が強い。どこか遠くに行かなくても、新しいことや、いつもと違うことをするのも旅の一部であり、異質なものを避けて五感を閉じるのではなく、世界との出会いを求め続けることに、旅や冒険の本質があるから。

問四．(例文)

自分中心の考え方を捨て、他の人や社会とのつながりを意識し、想像することが大切だ。また、異質なものや未知のものをおそれず、さまざまなものとの出会いを求め、想像力を高めながら、近づいてくる新しい世界を受け入れていくことが大切だ。そうすることで、外の世界とつながりを持ちながらも、だれかのまねではない独自の自分を作り上げていくこと。

《解　説》

【問題】

問一　傍線部《ぼうせんぶ》①の後に，コペル君が屋上から路上やビルにいる人を見て「コペル君を見ているかもしれない多くの人の中の一人が，自分であるという不思議な感覚にとらわれる」とある。つまり，コペル君は，今までは地動説のように，自分を中心にした世界の見方や判断をしていたが，天動説のように，自分も他の多くの人間たちの中の一人にすぎないということに気づいたのである。そのことを文章の中盤《ちゅうばん》で「一人一人の人間はみんな，広いこの世の中の一分子なのだ。みんなが集まって世の中を作っているのだし，みんな世の中の波に動かされて生きているのだ。広い世の中の一分子として自分を見たということは，決して小さな発見ではない」と，コペル君のおじさんの言葉でまとめている。また，コペル君はさらに「分子のような存在であるそれぞれの人間が～目に見えない多くの人とつながりあって，この社会が成り立っていること」に気づいた。

問三　筆者が旅をどうとらえているのかを読みとる。すると，観光旅行と旅の違《ちが》いについて説明した第３段落で，「旅に出るというのは，未知の場所に足を踏《ふ》み入《い》れることです～それは肉体的，空間的な意味あいだけではなく，精神的な部分も含《ふく》まれます。むしろ，精神的な意味あいのほうが強いといっていい」と述べている。また，「旅」には，新しい友だちを作ることや，はじめて一人暮《ぐ》らしをすることなども含まれるとある。つまり，未知のこと，新しいことを体験するのが「旅」や「冒険」なのである。また，傍線部③の一つ前の段落では，「異質なものを避《さ》けて五感を閉じていく」ことを「旅」の反対のこととして説明している。

《解答例》

【課題１】（例文）

私は、作者の考えに反対だ。たしかに、困った時に助けたり、相談に乗ったりした時に、そのことに対する見返りが欲しいとは思わない。しかし、友達になるまでの間に、相手に対して何も期待しないというのは不自然だと思う。友達ができる時には、何か理由がある。それは、なんとなく話が合う、いっしょにいると楽しいなど、ささいなことかもしれない。初めて話しかける時には何も期待していなくても、何回か会話をするうちに、「この話をすればきっと盛り上がって楽しいだろうな」などと期待することが出てくるはずだ。本当に何も期待しないのであれば、そもそもその相手を友達として意識し始めることはないと思う。

【課題２】（例文）

私は、気づかいができる友達になりたい。小学校で、私はたくさんの友達に出会ってきた。いろいろなことをがんばっていて尊敬できる友達や、明るい性格で、いっしょにいると元気になれる友達など、それぞれがいろいろな長所を持っていた。その中で印象に残っているのが、気づかいができる友達である。小学校の遠足でバスに乗った時に、私は乗り物よいを起こし、気分が悪くなってしまった。すると、となりに座っていた友達が、私の様子がふだんとちがうことにすぐに気づき、背中をさすってくれたり、先生に伝えてくれたりした。私も他の人に気づかいができるように、まずは周りをよく見て、いろいろなことに気づけるようになりたいと思う。

中央中等教育学校
四ツ葉学園中等教育学校
太田中学校

2020 令和2 年度　適性検査Ⅰ

※四ツ葉学園中等教育学校のパーソナルプレゼンテーションの解答例は収録していません。

《解答例》

【問題１】　⑴ア．25　イ．20

⑵①チーム分け…同じチームに，バスケットボールの得意な人，不得意な人がバランスよく入るように，チーム分けをする。　試合のルール…シュートによる得点とシュートを入れた人数をかけたものを，チームの得点とする。　②(例文)今日まで，チームのみんなで協力しながら練習してきたと思います。勝ち負けだけにこだわらず，おたがいにはげましの言葉をかけ合いながら，みんなで楽しみましょう。

⑶7　理由…すべてのチームが，他のすべてのチームと１試合ずつ対戦すると，試合数は６試合となる。２つのコートを体育館に作るので，１つのコートにつき，３試合行うことになる。試合と試合の間は計 12 分，「はじめの言葉」と「終わりの言葉」は計２分，準備運動と整理運動は計 10 分なので，すべて合わせると 24 分となる。レクリエーションの時間の 45 分から，24 分を引いた残りの 21 分で３試合行うので，１試合の時間は，７分となる。

⑷(例文)周りの人からの応援に支えられて，最後までがんばることができるよ。みんなで教え合いながら上達できるし，達成感を味わうこともできるね。それに，相手を思いやることも大事だと感じられるね。

【問題２】　⑴ア．果実飲料の容器の種類（下線部は飲料容器でもよい）　イ．1995 年ではペットボトルの割合は３番目だったけど，2018 年では１番大きい割合となった

⑵①ペットボトル本体とラベルを分別して捨てやすくするため。　②回収率が９２．２％である２０１７年においても，回収されていないペットボトルが４万６千トンもあり，その多くがプラスチックごみとなってしまうおそれがあるから。

⑶ア．1988 年と 2018 年それぞれについて，消費されたアルミ缶の重量を，消費されたアルミ缶数で割り，アルミ缶１缶当たりの重さを求める。　イ．５

⑷①木材をむだなく利用することができるね。　②分別をしっかりする，できるだけリサイクル製品を使うようにするなどの工夫が考えられる。また，マイバッグやマイボトルなどを使うことや，持ち物を修理してできるだけ長く使うようにするなどの工夫も考えられる。

《解　説》

【問題１】

⑴　〔質問１〕で「得意」または「やや得意」と答えた人のうち，〔質問２〕で「楽しい」または「やや楽しい」と答えた人は，14＋４＋３＋４＝ア25(人)いる。

〔質問１〕で「やや不得意」または「不得意」と答えた人のうち，〔質問２〕で「あまり楽しくない」または「楽しくない」と答えた７人は，クラス全体の人数が 14＋４＋３＋４＋１＋１＋１＋２＋１＋２＋２＝35(人)なので，クラス全体の$\frac{7}{35}$×100＝イ20(％)である。

⑵①　チームによって得意な人と不得意な人の差が大きいと，不得意な人が多いチームが楽しめないので，そうならないようなチーム分けの工夫を考えたい。

また，得意な人だけが得点し続けるよりも，不得意な人が得点した方がチームの勝利に近づくようなルールを考えたい。

⑵② 感想Bには，シュートを決められなかったことを非難するようなことを言う人がいて，いやな気持ちになったことが書かれている。このことから，失敗した人を責めない，おたがいにほめあうなど，チームがよい雰囲《ふんい》気《き》になるように呼びかける内容を書く。

⑶ ４つのチームをA，B，C，Dとすると，試合の組み合わせは，(A，B)(A，C)(A，D)(B，C)(B，D)(C，D)の６試合ある。よって，１つのコートで６÷２＝３(試合)行うから，試合と試合の間は２回あるので，計６×２＝12(分)となる。したがって，解答例のような説明となる。

⑷ 「応援《えん》してもらって，がんばることができたよ」「みんなで一生懸《けん》命練習したから」「バスケットボールが不得意な人にも，受けやすいようにパスをしたよ」などから，応援や協力をすることの大切さがわかる，相手を思いやることができる，といった良さが考えられる。

【問題２】

⑴イ 1995 年は紙→缶→ペットボトル，2018 年はペットボトル→びん→缶の順で多い。解答例のほか，「2018 年のペットボトルの割合は全体の半分以上を占めており，1995 年よりも３倍以上高くなっている」なども良い。

⑵① リサイクルされるプラスチックごみが増えれば，ごみの減量につながる。　② メモの「プラスチックごみが大きな問題となっている」に着目し，最も回収率が高い 2017 年でも回収されていないペットボトルの量が多いことと関連付ける。プラスチックごみは自然分解されないため，海に流れ込んだ微小なプラスチック粒子(マイクロプラスチック)を魚などが食べ，その魚を食べた人間の体にプラスチック粒子が移行して影響を及ぼす危険性が問題視されている。

⑶ 1988 年と 2018 年のアルミ缶１缶当たりの重さを求めたいので，

(その年に消費されたアルミ缶の重量)÷(その年に消費されたアルミ缶数)を計算すればよい。よって，アには解答例のような文章が入る。

1988 年，2018 年の消費されたアルミ缶の重量はそれぞれ，15 万トン＝150000000 kg＝150000000000 g，33 万トン＝330000000 kg＝330000000000 g である。よって，1988 年のアルミ缶１缶当たりの重さは，150000000000÷7500000000＝20(g)，2018 年のアルミ缶１缶当たりの重さは，330000000000÷21700000000＝15.2…より，約 15 g だから，1988 年のアルミ缶１缶当たりの重さから 2018 年のアルミ缶１缶当たりの重さを引くと，20－15＝イ5グラムとなる。

⑷① 木々の成長を促すため，育ちの悪い木や枯れかかった木をばっ採することを「間ばつ」と言い，間ばつされた木材を「間ばつ材」と言う。間ばつ材は，割り箸やストーブの燃料，牛の飼料などにも利用されている。

② ごみの発生を抑える「リデュース」，そのままの形体で繰り返し使う「リユース」，資源として再利用する「リサイクル」を促す工夫を考える。これら３Rを進め，新たな天然資源の使用を減らす社会を「循環型社会」と呼ぶ。

中央中等教育学校　2020 令和2 年度　適性検査Ⅱ

《解答例》

【問題】問一．死が身近にあるアフリカでは、互いに元気で会えることが奇跡的であり、相手と自分がその場にいることや「いつものとおり」であることを確認するようなやりとりには、その奇跡を言祝ぎ、祈るような美しい気持ちがあふれていたから。　問二．(例文)友達から家族内の人間関係について悩みを打ち明けられたときに、「気にしないほうがいいよ」と元気づけるつもりで言ったことがある。しかし、友達には「気にしないのは無理だよ。私の気持ちなんてわからないよ」と言われてしまった。　問三．⑴(例文)私は、太郎の悩みを無理に聞き出そうとするのではなく、太郎が話しやすいふん囲気をつくり、じっくりと話を聞くようにしたい。親がアドバイスをしたり解決策を示したりすることよりも、太郎が自ら語ることで、自分の悩みに対して距離をとり、それを対象化することが大事だからだ。　⑵(例文)私は、毎日欠かさず太郎にあいさつをするようにしたい。文章Aのアフリカのあいさつの例では、情報のやりとりはほとんどなくても、再会の喜びを確認し合えていた。このことから、毎日あいさつをすることで、太郎をクラスメートとして受け入れ、大切に思っていることが伝わると考えられるからだ。　問四．(例文)コミュニケーションにおいて大切なのは、あいさつを交わすことや、相手の話をじっくりと聞くこと、遊ぶことなど、様々なやり方で相手を大事に思っていることを伝えることだと考える。

《解　説》

問一　問いに「理由をその後どのように考えましたか」とあるので，傍線部《ぼうせんぶ》の直後ではなく，それより後の考察からまとめる。エジプトで暮らしたりアフリカを旅したりした経験から，筆者は「あいさつ」では，「互《たが》いが同じ場所と時間を共有していることをたしかめあうこと」がだいじらしいということに気付いた。さらに≪中略≫の直後で，アフリカの人々の「日常が置かれている死と隣《とな》り合《あ》わせの『生』の危《あや》うさ」に圧倒《あっとう》され，「あの民族誌映画で見た二人のやりとりの意味が，ようやくしみじみとわかるような気がした」のである。その内容が具体的に書かれているのが，最後の３段落。「この執拗《しつよう》なくりかえしには，互いが元気で会えたことがどれほど奇跡的《きせきてき》なことなのかを言祝《ことほ》ぐ気持ちが込《こ》められていた～そのことを心から喜び，確かめるためにと切り返す」「ウシが盗《ぬす》まれるのも～『いつものとおり』なのだ。それを確認《かくにん》し合い，ここにこうして生きて相まみえたことを祈《いの》るような美しい気持ちが，そのやりとりにはあふれていたのだ」とある。この部分を中心にまとめる。

問二　筆者が指摘《してき》する，聴《き》くことの難しさは，話す方が，言ってもわかるはずがないと口が重くなることや，そんなに簡単にわかられてたまるかと，反発してしまうことがあること，聴き手が，聴いても言葉を返しようがないとわかっている場合があること，待ちきれなくて，話し手が語るチャンスを横取りしてしまうことなどである。これらのことに自分の体験をあてはめて書く。

問三・四　著作権に関係する弊社《へいしゃ》の都合により本文を非掲載《ひけいさい》としておりますので，解説を省略させていただきます。ご不便をおかけし申し訳ございませんが，ご了承《りょうしょう》ください。

《解答例》

【課題１】（例文）

作者が伝えたいことは、他の人をうらやましがって外見をまねしても、中身は変わらないので、周囲からはこっけいに見えるということだと思う。

私はこのカラスの気持ちがわかるような気がして、少しかわいそうになった。私も、あるスポーツ選手にあこがれて、かみ型をまねしてみたことがあるからだ。クジャクのはねのようにわかりやすいものではなかったので、笑われることはなかったが、もしばかにされていたら傷ついたと思う。確かに、外見をまねしても、その人自身になることはできない。しかし、あこがれの人がいて、自分もそうなりたいと思うことは悪いことではないと思う。私のあこがれている選手は、とても努力家で、学生時代は、部活が休みの時でも毎日欠かさずに自主トレーニングをしていたそうだ。そのような努力を大切にする姿勢を見習いたいと思う。私は英語が好きで、いつか日本語と同じように自由に話せるようになりたいと思っている。そのために、六年間を通して、毎日欠かさず英語の勉強をするようにしたい。あこがれの選手と同じように、目標のために、地道に努力し続ける自分になりたいと思っている。

【課題２】（例文）

あこがれの人を目標に努力するのはいいことだ

※四ツ葉学園中等教育学校のパーソナルプレゼンテーションの解答例は収録していません。

《解答例》

【問題１】 ⑴①この３つは，２位と２倍以上の差をつけていて，多くの人から選ばれているからだよ。

②大根サラダがいいよ。あげパンと，コーヒー牛乳，オムレツには，「体の調子を整えるもとになる食品」が少なく，大根サラダならそれを補えるからだよ。

③地元でとれた食材を使うため，輸送にかかる時間が少なくてすむので，新せんなものが食べられるし，輸送の費用が安くすむんだよ。

⑵今日の「なかよし給食」のこんだてについてお知らせします。まずは，アンケート結果第１位のものから，あげパンとオムレツ，コーヒー牛乳を選びました。続いて，栄養のバランスを考えて選んだものは大根サラダです。最後のデザートは，地元でとれるものを食べてもらいたいので，りんごにしました。それぞれよく味わって食べてください。

⑶高学年と低学年の席をとなりにする。／みんなが話せる話題を考えておき，グループの６年生がそれを話題にする。

⑷①活動の前…事前に計画を立てる。役割を決めておく。　活動中…低学年の子たちの気持ちを考えて行動する。　活動の後…反省をまとめて次に生かす。

②コップのふちまで，いっぱいの水を入れ，コップを皿の上にのせる。コップの中に卵を入れて，こぼれた水を皿で受ける。皿の中の水の体積を，メスシリンダーに入れて量れば，卵の体積になる。

【問題２】 ⑴①勇一さんは都道府県平均人数と比べて少ないから「少ない」ととらえ，さやかさんは全国の順位から見て真ん中より上だから「多い」ととらえているんじゃないかな。

②外国人旅行者の旅行者全体に対する割合が，全国では約16％なのに，群馬県では約３％だから。

③右グラフ

群馬県の外国人旅行者数の変化

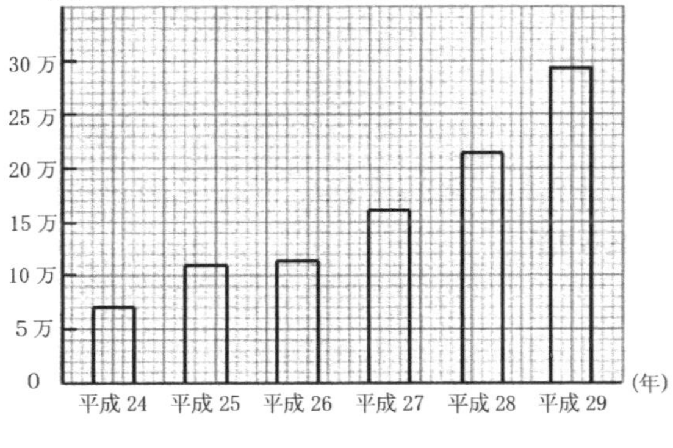

⑵正しい情報とそうでない情報が混じっているので，複数の情報を比べたり，本などで確かめたりする必要がある。

⑶①標識は，だれが見ても同じ意味に理解できることが大切で，勝手に変えてしまうと，それを見る人が，意味が分からなかったり，ちがう意味にとらえたりするかもしれないからだよ。

②レストランでは，メニューに写真をたくさん使ったり，作り方や材料をイラストで示したりして，見るだけでどんな料理かわかるようにしたらどうかな。お店では，商品を使っている動画や図があったり，実際に商品を試せるコーナーがあったりするといいよね。

《解　説》

【問題１】

⑴① 由美《ゆみ》さんが選んだ３つは，「主食」，「飲み物」，「主なおかず」の１位である。「その他のおかず」と「デザート」の１位のこんだてを選ばなかった理由について，それぞれの２位の人数と比べて考えるとよい。

「主食」，「飲み物」，「主なおかず」の１位はそれぞれ２位の２倍以上多くの人に選ばれているが，「その他のおかず」と「デザート」の１位は２位との差が小さい。

② あげパン(パン)は，「エネルギーのもとになる食品」で，オムレツに多く使われている卵は，「体をつくるもとになる食品」だから，不足しているのは，「体の調子を整えるもとになる食品」である。

「体の調子を整えるもとになる食品」は，野菜に多いので，野菜が多く使われている大根サラダを選ぶのがよいと考えられる。

③ 地産地消によって，輸送距離が少なくなることで，トラックなどから排出される二酸化炭素の量も抑えることができる。二酸化炭素の排出を抑えることは，地球温暖化の防止につながる。また，生産者と消費者との距離が近くなり，消費者が安心して農産物を購入できるようになる。さらに，地元の人々が地元の農家がつくった農産品を買えば，その地域のお金は他の地域に流出することなく，地域内で循環するといった特長もある。

⑵ ⑴の話し合いで言っているポイントを全てまとめて書けばよい。①あげパンとコーヒー牛乳《にゅう》，オムレツを選んだこととその理由，②その他のおかずに選んだものと，それを選んだ理由，③デザートに選んだ食材と，その理由を地産地消に結び付けて書けばよい。

⑶ 「なかよしタイム」は「１年生から６年生までがいっしょに活動を行う」ことに意味があるのだから，他の学年の人と会話ができるように工夫する。また，会話の苦手な人でも話をするきっかけが生まれるような方法を考える。

⑷① （活動の前）については，太郎《たろう》さんが「計画をしっかり立てることも大切だよ」「事前に６年生で役割《わ》りを決めておいたことで～良かった」と言っていることからまとめる。（活動中）については，「なかよしドッジボール」の時に，「低学年の子たちの気持ちを考える」ように由美さんが伝えてくれたことを評価しているので，このことをふまえて書く。(活動の後)については，由美さんが「反省を生かすことがとても大事だね」と言っていること，理子《りこ》さんが，５年生に経験を伝えることを提案していることからまとめればよい。

② ものが水にしずむときに，ものの体積と同じ体積の水をおしのけるから，コップのふちまで，いっぱいの水を入れ，その中に卵を入れると，卵の体積と同じ体積の水がコップからこぼれることになる。

【問題２】

⑴② 全国の旅行者全体の人数に対する外国人旅行者の割合は，7969÷50960×100＝15.6…より，約 16%，群馬県の旅行者全体の人数に対する外国人旅行者の割合は，29÷876×100＝3.3…より，約３％である。

③ 年ごとの人数の変化がわかりやすい棒グラフや折れ線グラフでかくのがよい。また，グラフにタイトルを書いた方がわかりやすくなる。

人数と年(時間経過)を，それぞれたて軸《じく》，横軸のどちらにするか決め，解答用紙にできるだけ大きく見やすくかけるように目盛りをとるとよい。人数はくわしい数値までグラフで表せないので，がい数にして表す。

⑵ インターネットでは手軽に情報を発信できるため，間違った情報が含まれていることもある。そのため，インターネットで得られた情報をそのまま受け取らず，正しい情報かどうかを本で調べたり，詳しい人に聞いたりして確かめることが大切である。このような取り組みをメディアリテラシーという。

(3)① 前の勇一さんの言葉に注目する。標識(ピクトグラム)は，日本語のわからない人でもひと目見て何を表現しているのかわかるため，年齢や国の違いを越えた情報手段として活用されている。日本を訪れる外国人に向けて，言葉が書かれていなくても絵やマークで意味することがわかるようになっているピクトグラムの国際的な統一が進められている。

② 「言葉にたよらない方法」から視覚的な方法を考えよう。写真を通してメニューのイメージがしやすくなり，宗教上・健康上の理由で食べられない食材がある外国人観光客でも安心できる。また，動画や体験を通して商品の使い方や店舗でのおいしい食べ方などの正しい知識を学べるので，外国人観光客が旅行をさらに楽しむことができ，購買意欲を刺激することもできる。

中央中等教育学校

2019 平成31年度 適性検査Ⅱ

《解答例》

【問題】問一．(例文)鶴を折っている時は由香さんのことを考える。その一人一人の気持ちが千羽鶴という形にまとまる。それを贈ることで、クラスが一体となって病気の回復を願っているということ、教室にいなくても大事なクラスメイトだと思っているということを伝えられると思う。

問二．①受験勉強に本腰を入れる時期であり、中間試験も近いため、放課後は居残りができない。フリースローのクラス対抗戦があるため、昼休みにも集まれない。そのように、鶴を折ることより他のことを優先する人が多いから。　②由香さんは、欠席が多く無口であり、同じクラスでもよく知らない人が多い。治らない病気とたたかっていて、退院のめども立っていない。そのように、関係が浅く、時間によゆうもあり、あせる必要はないと思っているから。

問三．(例文)千羽鶴づくりについて、クラスでもう一度話し合いをするよう提案する。なぜなら、千羽鶴は、クラスみんなで贈るものだからだ。作り手の気持ちがばらばらで、一人だけががんばって作るのでは、千羽鶴にする意味がなくなってしまうし、由香さんに気持ちが伝わらないと思う。それぞれに事情があり、時間がないのもわかる。しかし、一度みんなで折ると決めたのだから、最後まで協力するべきだと思う。あと何羽必要なのか、一人当たり何羽折るのか、どうやって時間を見つけるのかなどを話し合い、みんなでできる良い方法を見つけたい。

《解　説》

【問題】

問二①　クラスの人たちの置かれている状態については，前書きに「受験勉強に本腰《ほんごし》を入れる～時期」であること，さらに，本文の最後から３段落目に「中間試験が近づいた」ことが書かれている。また，昼休みには，バスケットボールのフリースロー対抗戦《たいこうせん》があることが同段落に書かれている。忙《いそが》しいことが重なっているのである。

②　瀬川《せがわ》ちゃんとミヤちんの会話から，由香《ゆか》さんの退院の可能性がうすいことがわかる。また，《中略》の前の「あの子ほんとに無口だから～話つづかないもんね」「他の子、由香ちゃんのことあんまりよく知らないでしょ」「ほとんどしゃべったこともないんじゃない」などの会話から，由香さんが欠席がちで，クラスの人たちが由香さんにあまり親しみを感じていないことがうかがえる。

問三　千羽鶴《せんばづる》を何としても完成させるように働きかけるか，あるいは，みんなに千羽鶴を贈《おく》りたいという気持ちがないのなら，千羽鶴を贈ること自体を見直し，他の方法を提案するということも考えられる。

《解答例》

（例文）

私は、このような未来は、自分で切りひらくことのできない、たいくつなものだと考えます。なぜなら、あらかじめ解析したことに生き方を規定されてしまうからです。たしかに、便利で安全になるのは良いことです。しかし、未来を予測できるようになったら、人間にとって大切な、想像力が失われてしまうだろうと考えます。また、事務的で合理的なことばかりに囲まれていたら、人間同士のコミュニケーションが減り、他の人と共感することができなくなると思います。

私の祖母は茶道をしゅみにしています。私もお茶をたててもらうことがありますが、作法が難しくて、初めはつまらないと思っていました。そして、茶室での決まりに何か意味があるのかと祖母に質問しました。すると、すぐに何かの役に立ったり、時間をかけないですませたりすることばかりが良いのではないよと言われました。そして、お茶を通して自分自身を見直したり、人との出会いを大切にしたりするのだと教えてくれました。この経験から、一見無駄だと思えることにもとても大事な意味があり、見ているものを通して想像する力が大事なのだと学びました。

私は、これから生きていく上で、効率だけを重視するのではなく、手間や時間をかけるからこそ得られるものも大切にしていきたいと思います。そのために、あふれる情報に流されることなく、何が大事かを自分自身でじっくり考えるよう心がけたいと思います。

中央中等教育学校
四ツ葉学園中等教育学校
太田中学校

2018 平成30年度 適性検査Ⅰ

※四ツ葉学園中等教育学校のパーソナルプレゼンテーションの解答例は収録していません。

《解答例》

【問題１】 ⑴ア．④

イ．「できた」「だいたいできた」と答えた人数が少ないこうもくは②番と④番であり、どちらも60人で変わりませんが、こうもく④番の方が、「できなかった」と答えた人数が多いからです。

⑵グループ数…３つ

理由…１年生から６年生までの人数を合計すると174人であるため、６人組のグループが29できることになる。しかし、３年生と４年生は26人ずつしかいないため、３つのグループはすべての学年がそろわないことになる。

⑶①下級生に、ダンスを教える。

②３年生を責めるのではなく、よりよいダンスになるように、ぼくたち６年生がリードしてみんなで取り組めるようにしていこうよ。

⑷種目数…４種目

理由…　午前の競技が終わっただんかいで１位の黄団とひかくして考える。

赤団が４種目で１位をとれば、赤団の最低得点は、

395点(午前の得点)＋80点(４種目１位)＋５点(１種目３位)＝480点となり、黄団の最高得点は、

401点(午前の得点)＋40点(４種目２位)＋20点(１種目１位)＝461点となる。この場合、赤団はゆうしょうできる。

赤団が３種目でしか１位をとれなければ、赤団の最低得点は、

395点＋60点(３種目１位)＋10点(２種目３位)＝465点となり、黄団の最高得点は、

401点＋30点(３種目２位)＋40点(２種目１位)＝471点となる。この場合、赤団はゆうしょうできない。

よって、赤団が確実にゆうしょうするためには、少なくとも４種目で１位をとればよい。

⑸全学年でいっしょに、あいさつ運動をするというのはどうかな。運動会のダンスのときのように、すべての学年がそろったグループをつくって、登校時間などに校門に立って、みんなであいさつをしようよ。

【問題２】 ⑴ア．６５さいと４０さいあたりの人口が多く、４０さい以下では、ねんれいが低いほど少なくなっているね。

イ．７５さいあたりの人口が一番多く、１９５０年のときとは逆に、上の部分が下の部分にくらべて大きくなっていると思う。

⑵①ア．22161　イ．33.2　②買い物や通院などのお手伝いをするボランティアをぼ集する。

⑶①布をおもてに返し、つめ物を入れる。玉むすびをつくってから、つつの上側をぬう。

②お手玉の個数…36　費用…1980

③ア．お手玉バランスゲーム

イ．小学生２名とこうれいしゃ４名で、２つのチームをつくる。空のペットボトルの上に下じきを置き、さらにその上に、お手玉をいくつのせられるかをきそう。

《解　説》

【問題１】

(1)　健一くんが一番評価の高かった項目《こうもく》を，項目①番とした理由を参考に考えると，項目②番～項目⑥番のアンケートの結果を回答ごとに比べればよいとわかる。項目②番と項目④番は「できた」「だいたいできた」と答えた人数が，どちらも22＋38＝60(人)で同じであるため，「できなかった」と答えた人数を比べればよい。

(2)　１年生から６年生までの人数の合計は，29＋31＋26＋26＋29＋33＝174(人)である。１つのグループには６人いるので，全部で174÷６＝29(グループ)できる。しかし，３年生と４年生は26人しかいないので，29－26＝３(グループ)は，すべての学年がそろわない。

(3)①　(1)(2)の問いをふまえて，今後６年生がすべきことを考えよう。表の項目の④番，「ほかの学年と協力して取り組むことができた」についての評価が一番低かったので((1)参照)，その「昨年の運動会での課題」をふまえ，健一さんの団では「全学年で一緒《いっしょ》にダンスを行う」ことにした((2)参照)。問いに「前後の練習内容をふまえ」とあるのもヒント。９／11(月)に「団全体で練習を行う」とあり，９／13(水)に「グループごとに，ダンスの発表をする」とある。ここから，発表できるレベルになるためには，全体の練習だけでは足りないだろうと考えられる。つまり，９／12（火）にすべきことは，まだ練習の足りない，６年以外の学年の人にしっかりおどれるようになってもらうこと。よって，すでに練習を積み重ねた６年生が，ほかの学年(＝下級生)に，ダンスを教えるという内容が適する。

②　「全学年で一緒にダンスを行うことにし」,「できるだけすべての学年がそろう」グループ作りをしたのだから,「３年生を責めるような雰囲気《ふんいき》」になっているのは望ましくない。そうならないように，どの学年のメンバーにも，たがいに協力して良いダンスを仕上げる気持ちになってもらえるよう，うまく導くのがグループ内の最上級生のあり方。団長として，ほかの６年生もそのように考えて各自のグループをうまくまとめられるように，ともにがんばろうという気持ちが伝わるような言い方で呼びかけよう。

(4)　最も優勝に近い黄団と赤団を比べる。赤団が午後の５種目すべてで１位をとると，合計得点は395＋20×５＝495(点)である。黄団が５種目すべてで２位をとったとしても，合計得点は401＋10×５＝451(点)だから，赤団が優勝できる。赤団が午後の種目のうち４種目で１位をとったときの最低の合計得点は，残りの１種目で３位をとったときの395＋20×４＋５＝480(点)である。このときの黄団の最高の合計得点は，１種目で１位をとり，４種目で２位をとったときの401＋20＋10×４＝461(点)だから，赤団が優勝できる。赤団が午後の種目のうち３種目で１位をとったときの最低の合計得点は，残りの２種目がどちらも３位だったときの395＋20×３＋５×２＝465(点)である。このときの黄団の最高得点は，２種目で１位をとり３種目で２位をとったときの401＋20×２＋10×３＝471(点)だから，赤団は優勝できない。よって，赤団は少なくとも４種目で１位をとればよい。

(5)　健一さんが「せっかくほかの学年と交流する機会ができたのだから，これからも何か続けていきたいな」，雅美さんが「１年生から６年生までが，協力しながら学校生活を送っていけたらよいよね」と言っている。この内容を受けて，学校生活に役立つことで，学年をこえて協力できるような活動を考えよう。最初にどういう活動なのか要点をおさえて提案してから，実際に何をするのか具体的に説明するとわかりやすい。

【問題２】

⑴ ア．前の健太さんの言葉に注目する。健太さんは 1980 年の図を見て，人口の多い年齢層と，人口の少ない年齢層については具体的に何歳から少なくなっているかを言っているので，2014 年の図も同じように，人口の多い年齢層と，人口の少ない年齢層については具体的な年齢に触れて書けばよい。　イ．図から，1950 年，1980 年，2014 年と，人口の多い年齢層がだんだん高くなって高齢化が進んでいる一方で，人口の少ない年齢層はだんだん低くなって少子化が進んでいることが読み取れる。以上のことから，2050 年にはさらに高齢化と少子化が進んでいることを予想する。さらに，前に愛理さんが 1950 年の図を見て「山のような形」と言っていることから，2050 年の図の形についても 1950 年と逆になることを予想して書こう。

⑵① ア．表で 2017 年の高齢者人口が 20411 人であることと，取材で大竹さんが「2022 年には，2017 年より…高齢者人口が 1750 人増加すると予測されています」と話していたことを結びつけると，2022 年の高齢者人口は 20411＋1750＝22161(人)だとわかる。　イ．高齢化率は，高齢者人口÷総人口×100 で求められるので，表と①の答えを踏まえると，2022 年の高齢化率は 22161÷66750×100＝33.2(%)となる。　② 取材で大竹さんが「一人暮らしの高齢者が…買い物や通院などで困っている」と話していたことから，それらを手助けする取り組みとして具体的に何が必要になるかを考えて書けばよい。⑶① 手順１，２，４を参考にしながら，図をよく見て説明すればよい。

手順３から布の表が外側に出ていること，

手順３でつめ物が入ったこと，手順４では，手順３で使用した糸を切らずに鈴をぬいつけていることから，手順３ではまだ玉どめをしないことに注意する。

② 右図Ⅰ，Ⅱは店で売られている布と，お手玉に必要な布(太線)を表したものである。図Ⅰのようにそれぞれの布の長い辺を合わせると，95÷18＝５余り５より縦に５枚分，30÷12＝２余り６より横に２枚分のお手玉の布をとれるから，全部で５×２＝10(個)のお手玉を作ることができる。図Ⅱの太線のようにお手玉に必要な布を取ると，95÷12＝７余り 11 より縦に７枚分，30÷18＝１余り 12 より横に１枚分のお手玉の布をとれる。また，図ⅡのＡＢの長さは，30－18＝12(㎝)だから，図Ⅱの色付きの部分でもお手玉に必要な布をとれる。色付きの部分は図Ⅰと同じとり方だから，お手玉に必要な布を縦に５枚分とれる。よって，図Ⅱのように布を切ると，全部で７×１＋５＝12(個)のお手玉を作ることができる。布１枚で 12 個分，鈴１袋で 10 個分のお手玉ができるから，まず布の枚数と鈴の袋《ふくろ》数を同じ数ずつ買うことを考える。布１枚と鈴を１袋買うと 420＋180＝600(円)であり，2000÷600＝３余り 200 より，2000 円で，布を３枚と鈴を３袋買うと，お手玉１個分の布は 12×３＝36(個分)の枚数がとれるが，鈴は 10×３＝30(個)しかなく，30 個しかお手玉が作れない。しかし，残りの 200 円でさらに鈴を１袋買うことができる。鈴は 40 個になるので，このとき 36 個のお手玉を作ることができる。よって，必要な金額は，420×３＋180×４＝1980(円)である。

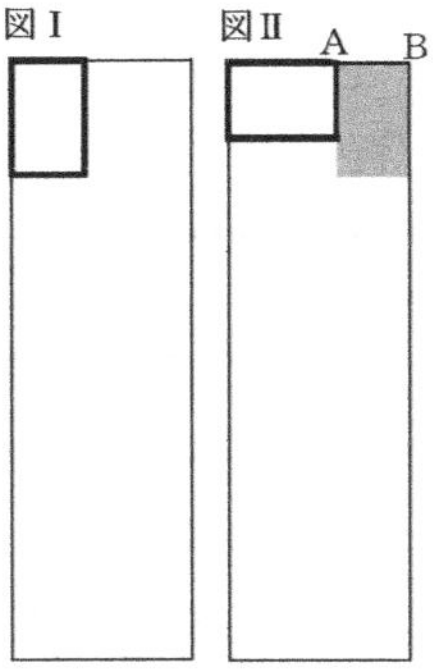

③ 解答例以外にも，お手玉を使い，高齢者《こうれいしゃ》と小学生が一緒に楽しめるレクリエーションであればよい。例えば，イ小学生２名と高齢者４名で２つのチームを作る。チームごとに箱の底に棒をつけたものを囲んで座り，お手玉を箱に投げ入れ，箱に入ったお手玉の数をきそう。(72 文字)という内容の，アお手玉入れをすることもできる。

《解答例》

(1)　(例文)

今の意見を聞いて、もう一度多数決で決めればいいと思います。ただし、アンケートのように、それぞれの行事を選んだ人数にあまり差が出なかった場合は、一番人数が少なかった行事を候補から外し、もう一度多数決をとります。それでも差が出なかったら、さらに人数の少ない候補を外して多数決をとります。そうすれば、より多くの人の意見を反映できると思います。

(2)　遠足で深まったきずなと、味わった達成感

(例文)

　5月。6年1組のみんなが楽しみにしていた遠足の日がやってきました。行きのバスでは、みんなで古今東西をしました。先生がテーマを言い、順番にそのテーマにあうものを言っていくのです。いつもは目立たない山本君が、国名をたくさん知っていることがわかって、みんなに尊敬されていました。

　そしていよいよ、登山開始。最初はみんなおしゃべりしながら登っていましたが、しだいに道がけわしくなり、みんなの顔からよゆうがなくなっていきました。気をつけていないと、足をふみはずしてすべり落ちそうになるのです。体の小さな田中さんが、おくれがちになってしまいました。すると、先頭を歩いていた高橋君たちのグループがもどってきて、田中さんをはげまし、いっしょに登ってくれました。そのおかげでだれもけがをすることなく、無事に頂上にたどり着くことができました。頂上で、みんなで食べたお弁当はとてもおいしかったです。遠足を通して、6年1組は思いやりのある良いクラスだな、と改めて思えました。

《解　説》

(1)　それぞれの意見には，「みんなで気持ちを一つにしてがんばることができました～一番もり上がっていた」「野菜が苦手な子も楽しく食べられたので」「みんなとても楽しそうだったし～はげまし合って山ちょうまで登ることができたから」「みんなで協力して勉強すると，むずかしいことも楽しく感じたから」のように，それを推《お》す理由があった。それらを聞いて改めてどれが良いと思うか，各自にもう一度考えてもらい，多数決をとるという方法がある。まとまらない時は，「学校のことがよく分かる」「6年1組のよさがよく伝わる」ような記事にしたい，「小学校最後の3学期をよりよくするために，今までの生活をふり返って，学級のみんなでがんばりをみとめあえる」ような内容にしたい，という本来の目的に立ち返って，それに一番合うものはどれかを考えるとよい。

(2)　クラスの様子を知らない人が読んだとき，「みんなで力を合わせてがんばっているんだな」「ああ，良いクラスなんだな」とわかってもらえるように，構成に気をつけて書こう。場面や状きょうを具体的に説明したうえで，一番言いたいことが伝わるエピソードを書き，最後に，その経験をもとにどういうクラスの良さがわかったのかをまとめるとよい。

《解答例》

選んだ資料…ＢとＣ

題名…動物をイメージで決めつける危険性

(例文)

私は、資料ＢとＣを読んで、動物をイメージで単純にとらえてしまうことの危険性を感じました。

アライグマの生態を良く知らないのに、アニメをみてかわいいというイメージを持ち、安易に飼い始めたせいで、日本の生態系に悪えいきょうが出ています。また、ブチハイエナについては、残り物を食べるイメージからか、アニメで悪者にえがいているものを見たことがあります。そのため、私はハイエナに良いイメージを持っていませんでした。しかし、実際には、自分たちでかりをしたり、弱い仲間を助けたりすると知っておどろきました。けれども、今もテレビなどでは、動物を単純なイメージでえがいていることがよくあります。

たとえば、最近、ねこブームと言われ、テレビではかわいい子ねこや、おもしろい行動をするねこばかりがとりあげられています。しかし、それはねこの一面にしかすぎません。私はねこを飼っていますが、家具でつめをといだり夜中に走り回ったりと、大変なこともたくさんあります。そういった人間にとっては不都合なねこの生態もきちんと伝えないと、アライグマのように安易に飼い始め、捨てる人が増えてしまうと思います。動物を、かわいいとかこわいという一つのイメージでとらえるのではなく、多面的な正しい知識を身につけることが大切だと考えました。

■ ご使用にあたってのお願い・ご注意

（1）問題文等の非掲載

著作権上の都合により，問題文や図表などの一部を掲載できない場合があります。

誠に申し訳ございませんが，ご了承くださいますようお願いいたします。

（2）過去問における時事性

過去問題集は，学習指導要領の改訂や社会状況の変化，新たな発見などにより，現在とは異なる表記や解説になっている場合があります。過去問の特性上，出題当時のままで出版していますので，あらかじめご了承ください。

（3）配点

学校等から配点が公表されている場合は，記載しています。公表されていない場合は，記載していません。

独自の予想配点は，出題者の意図と異なる場合があり，お客様が学習するうえで誤った判断をしてしまう恐れがあるため記載していません。

（4）無断複製等の禁止

購入された個人のお客様が，ご家庭でご自身またはご家族の学習のためにコピーをすることは可能ですが，それ以外の目的でコピー，スキャン，転載（ブログ，ＳＮＳなどでの公開を含みます）などをすることは法律により禁止されています。学校や学習塾などで，児童生徒のためにコピーをして使用することも法律により禁止されています。

ご不明な点や，違法な疑いのある行為を確認された場合は，弊社までご連絡ください。

（5）けがに注意

この問題集は針を外して使用します。針を外すときは，けがをしないように注意してください。また，表紙カバーや問題用紙の端で手指を傷つけないように十分注意してください。

（6）正誤

制作には万全を期しておりますが，万が一誤りなどがございましたら，弊社までご連絡ください。

なお，誤りが判明した場合は，弊社ウェブサイトの「ご購入者様のページ」に掲載しておりますので，そちらもご確認ください。

■ お問い合わせ

解答例，解説，印刷，製本など，問題集発行におけるすべての責任は弊社にあります。

ご不明な点がございましたら，弊社ウェブサイトの「お問い合わせ」フォームよりご連絡ください。迅速に対応いたしますが，営業日の都合で回答に数日を要する場合があります。

ご入力いただいたメールアドレス宛に自動返信メールをお送りしています。自動返信メールが届かない場合は，「よくある質問」の「メールの問い合わせに対し返信がありません。」の項目をご確認ください。

また弊社営業日（平日）は，午前９時から午後５時まで，電話でのお問い合わせも受け付けています。

2025 春

株式会社教英出版

〒422-8054　静岡県静岡市駿河区南安倍３丁目 12-28

TEL　054-288-2131　　FAX　054-288-2133

URL　https://kyoei-syuppan.net/

MAIL　siteform@kyoei-syuppan.net

教英出版の中学受験対策

中学受験面接の基本がここに！
知っておくべき面接試問の要領

面接試験に，落ち着いて自信をもってのぞむためには，あらかじめ十分な準備をしておく必要があります。面接の心得や，受験生と保護者それぞれへの試問例など，面接対策に必要な知識を1冊にまとめました。

- 面接の形式や評価のポイント，マナー，当日までの準備など，面接の基本をていねいに指南「面接はこわくない！」
- 書き込み式なので，質問例に対する自分の答えを整理して本番直前まで使える
- ウェブサイトで質問音声による面接のシミュレーションができる

定価：770円(本体700円+税)

入試テクニックシリーズ

必修編

基本をおさえて実力アップ！
1冊で入試の全範囲を学べる！
基礎力養成に最適！

こんな受験生には必修編がおすすめ！

- 入試レベルの問題を解きたい
- 学校の勉強とのちがいを知りたい
- 入試問題を解く基礎力を固めたい

定価：1,100円(本体1,000+税)

発展編

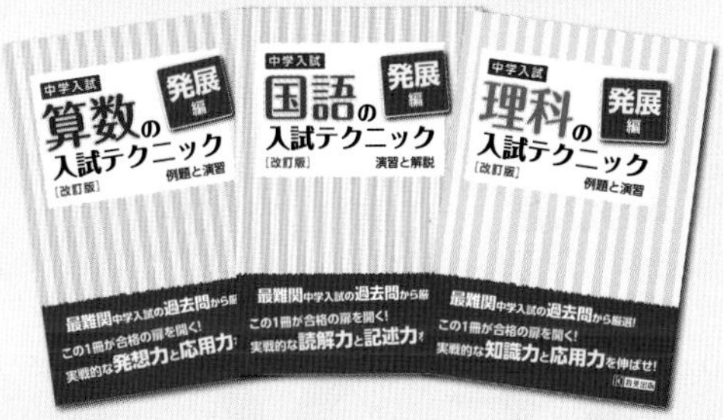

応用力強化で合格をつかむ！
有名私立中の問題で
最適な解き方を学べる！

こんな受験生には発展編がおすすめ！

- もっと難しい問題を解きたい
- 難関中学校をめざしている
- 子どもに難問の解法を教えたい

定価：1,760円(本体1,600+税)

絶賛販売中！

詳しくは教英出版で検索

教英出版　検索

URL https://kyoei-syuppan.net/

神奈川県

①[県立] 相模原中等教育学校
　　　　平塚中等教育学校
②[市立]南高等学校附属中学校
③[市立]横浜サイエンスフロンティア高等学校附属中学校
④[市立]川崎高等学校附属中学校
✿⑤聖光学院中学校
✿⑥浅野中学校
⑦洗足学園中学校
⑧法政大学第二中学校
⑨逗子開成中学校（1次）
⑩逗子開成中学校（2·3次）
⑪神奈川大学附属中学校（第1回）
⑫神奈川大学附属中学校（第2·3回）
⑬栄光学園中学校
⑭フェリス女学院中学校

新潟県

①[県立] 村上中等教育学校
　　　　柏崎翔洋中等教育学校
　　　　燕中等教育学校
　　　　津南中等教育学校
　　　　直江津中等教育学校
　　　　佐渡中等教育学校
②[市立]高志中等教育学校
③新潟第一中学校
④新潟明訓中学校

石川県

①[県立]金沢錦丘中学校
②星稜中学校

福井県

①[県立]高志中学校

山梨県

①山梨英和中学校
②山梨学院中学校
③駿台甲府中学校

長野県

①[県立] 屋代高等学校附属中学校
　　　　諏訪清陵高等学校附属中学校
②[市立]長野中学校

岐阜県

①岐阜東中学校
②鶯谷中学校
③岐阜聖徳学園大学附属中学校

静岡県

①[国立]静岡大学教育学部附属中学校
　　　（静岡·島田·浜松）
② [県立]清水南高等学校中等部
　 [県立]浜松西高等学校中等部
　 [市立]沼津高等学校中等部
③不二聖心女子学院中学校
④日本大学三島中学校
⑤加藤学園暁秀中学校
⑥星陵中学校
⑦東海大学付属静岡翔洋高等学校中等部
⑧静岡サレジオ中学校
⑨静岡英和女学院中学校
⑩静岡雙葉中学校
⑪静岡聖光学院中学校
⑫静岡学園中学校
⑬静岡大成中学校
⑭城南静岡中学校
⑮静岡北中学校
⑯ 常葉大学附属常葉中学校
　 常葉大学附属橘中学校
　 常葉大学附属菊川中学校
⑰藤枝明誠中学校
⑱浜松開誠館中学校
⑲静岡県西遠女子学園中学校
⑳浜松日体中学校
㉑浜松学芸中学校

愛知県

①[国立]愛知教育大学附属名古屋中学校
②愛知淑徳中学校
③ 名古屋経済大学市邨中学校
　 名古屋経済大学高蔵中学校
④金城学院中学校
⑤椙山女学園中学校
⑥東海中学校
⑦南山中学校男子部
⑧南山中学校女子部
⑨聖霊中学校
⑩滝中学校
⑪名古屋中学校
⑫大成中学校
⑬愛知中学校
⑭星城中学校
⑮名古屋葵大学中学校
　（名古屋女子大学中学校）
⑯愛知工業大学名電中学校
⑰海陽中等教育学校（特別給費生）
⑱海陽中等教育学校（Ⅰ·Ⅱ）
⑲中部大学春日丘中学校
新刊⑳名古屋国際中学校

三重県

①[国立]三重大学教育学部附属中学校
②暁中学校
③海星中学校
④四日市メリノール学院中学校
⑤高田中学校
⑥セントヨゼフ女子学園中学校
⑦三重中学校
⑧皇學館中学校
⑨鈴鹿中等教育学校
⑩津田学園中学校

滋賀県

①[国立]滋賀大学教育学部附属中学校
②[県立] 河瀬中学校
　　　　守山中学校
　　　　水口東中学校

京都府

①[国立]京都教育大学附属桃山中学校
②[府立]洛北高等学校附属中学校
③[府立]園部高等学校附属中学校
④[府立]福知山高等学校附属中学校
⑤[府立]南陽高等学校附属中学校
⑥[市立]西京高等学校附属中学校
⑦同志社中学校
⑧洛星中学校
⑨洛南高等学校附属中学校
⑩立命館中学校
⑪同志社国際中学校
⑫同志社女子中学校（前期日程）
⑬同志社女子中学校（後期日程）

大阪府

①[国立]大阪教育大学附属天王寺中学校
②[国立]大阪教育大学附属平野中学校
③[国立]大阪教育大学附属池田中学校

④[府立]富田林中学校
⑤[府立]咲くやこの花中学校
⑥[府立]水都国際中学校
⑦清風中学校
⑧高槻中学校（A日程）
⑨高槻中学校（B日程）
⑩明星中学校
⑪大阪女学院中学校
⑫大谷中学校
⑬四天王寺中学校
⑭帝塚山学院中学校
⑮大阪国際中学校
⑯大阪桐蔭中学校
⑰開明中学校
⑱関西大学第一中学校
⑲近畿大学附属中学校
⑳金蘭千里中学校
㉑金光八尾中学校
㉒清風南海中学校
㉓帝塚山学院泉ヶ丘中学校
㉔同志社香里中学校
㉕初芝立命館中学校
㉖関西大学中等部
㉗大阪星光学院中学校

兵庫県

①[国立]神戸大学附属中等教育学校
②[県立]兵庫県立大学附属中学校
③雲雀丘学園中学校
④関西学院中学部
⑤神戸女学院中学部
⑥甲陽学院中学校
⑦甲南中学校
⑧甲南女子中学校
⑨灘中学校
⑩親和中学校
⑪神戸海星女子学院中学校
⑫滝川中学校
⑬啓明学院中学校
⑭三田学園中学校
⑮淳心学院中学校
⑯仁川学院中学校
⑰六甲学院中学校
⑱須磨学園中学校(第1回入試)
⑲須磨学園中学校(第2回入試)
⑳須磨学園中学校(第3回入試)
㉑白陵中学校
㉒夙川中学校

奈良県

①[国立]奈良女子大学附属中等教育学校
②[国立]奈良教育大学附属中学校
③[県立] 国際中学校
　　　　 青翔中学校
④[市立]一条高等学校附属中学校
⑤帝塚山中学校
⑥東大寺学園中学校
⑦奈良学園中学校
⑧西大和学園中学校

和歌山県

①[県立] 古佐田丘中学校
　　　　 向陽中学校
　　　　 桐蔭中学校
　　　　 日高高等学校附属中学校
　　　　 田辺中学校
②智辯学園和歌山中学校
③近畿大学附属和歌山中学校
④開智中学校

岡山県

①[県立]岡山操山中学校
②[県立]倉敷天城中学校
③[県立]岡山大安寺中等教育学校
④[県立]津山中学校
⑤岡山中学校
⑥清心中学校
⑦岡山白陵中学校
⑧金光学園中学校
⑨就実中学校
⑩岡山理科大学附属中学校
⑪山陽学園中学校

広島県

①[国立]広島大学附属中学校
②[国立]広島大学附属福山中学校
③[県立]広島中学校
④[県立]三次中学校
⑤[県立]広島叡智学園中学校
⑥[市立]広島中等教育学校
⑦[市立]福山中学校
⑧広島学院中学校
⑨広島女学院中学校
⑩修道中学校
⑪崇徳中学校
⑫比治山女子中学校
⑬福山暁の星女子中学校
⑭安田女子中学校
⑮広島なぎさ中学校
⑯広島城北中学校
⑰近畿大学附属広島中学校福山校
⑱盈進中学校
⑲如水館中学校
⑳ノートルダム清心中学校
㉑銀河学院中学校
㉒近畿大学附属広島中学校東広島校
㉓AICJ中学校
㉔広島国際学院中学校
㉕広島修道大学ひろしま協創中学校

山口県

①[県立] 下関中等教育学校
　　　　 高森みどり中学校
②野田学園中学校

徳島県

①[県立] 富岡東中学校
　　　　 川島中学校
　　　　 城ノ内中等教育学校
②徳島文理中学校

香川県

①大手前丸亀中学校
②香川誠陵中学校

愛媛県

①[県立] 今治東中等教育学校
　　　　 松山西中等教育学校
②愛光中学校
③済美平成中等教育学校
④新田青雲中等教育学校

高知県

①[県立] 安芸中学校
　　　　 高知国際中学校
　　　　 中村中学校

福岡県

① [国立] 福岡教育大学附属中学校（福岡·小倉·久留米）
② [県立] 育徳館中学校 / 門司学園中学校 / 宗像中学校 / 嘉穂高等学校附属中学校 / 輝翔館中等教育学校
③西南学院中学校
④上智福岡中学校
⑤福岡女学院中学校
⑥福岡雙葉中学校
⑦照曜館中学校
⑧筑紫女学園中学校
⑨敬愛中学校
⑩久留米大学附設中学校
⑪飯塚日新館中学校
⑫明治学園中学校
⑬小倉日新館中学校
⑭久留米信愛中学校
⑮中村学園女子中学校
⑯福岡大学附属大濠中学校
⑰筑陽学園中学校
⑱九州国際大学付属中学校
⑲博多女子中学校
⑳東福岡自彊館中学校
㉑八女学院中学校

佐賀県

① [県立] 香楠中学校 / 致遠館中学校 / 唐津東中学校 / 武雄青陵中学校
②弘学館中学校
③東明館中学校
④佐賀清和中学校
⑤成穎中学校
⑥早稲田佐賀中学校

長崎県

① [県立] 長崎東中学校 / 佐世保北中学校 / 諫早高等学校附属中学校
②青雲中学校
③長崎南山中学校
④長崎日本大学中学校
⑤海星中学校

熊本県

① [県立] 玉名高等学校附属中学校 / 宇土中学校 / 八代中学校
②真和中学校
③九州学院中学校
④ルーテル学院中学校
⑤熊本信愛女学院中学校
⑥熊本マリスト学園中学校
⑦熊本学園大学付属中学校

大分県

① [県立] 大分豊府中学校
②岩田中学校

宮崎県

① [県立] 五ヶ瀬中等教育学校
② [県立] 宮崎西高等学校附属中学校 / 都城泉ヶ丘高等学校附属中学校
③宮崎日本大学中学校
④日向学院中学校
⑤宮崎第一中学校

鹿児島県

① [県立] 楠隼中学校
② [市立] 鹿児島玉龍中学校
③鹿児島修学館中学校
④ラ・サール中学校
⑤志學館中等部

沖縄県

① [県立] 与勝緑が丘中学校 / 開邦中学校 / 球陽中学校 / 名護高等学校附属桜中学校

もっと過去問シリーズ

北海道

北嶺中学校
7年分(算数・理科・社会)

静岡県

静岡大学教育学部附属中学校
(静岡·島田·浜松)
10年分(算数)

愛知県

愛知淑徳中学校
7年分(算数・理科・社会)
東海中学校
7年分(算数・理科・社会)
南山中学校男子部
7年分(算数・理科・社会)
南山中学校女子部
7年分(算数・理科・社会)
滝中学校
7年分(算数・理科・社会)
名古屋中学校
7年分(算数・理科・社会)

岡山県

岡山白陵中学校
7年分(算数・理科)

広島県

広島大学附属中学校
7年分(算数・理科・社会)
広島大学附属福山中学校
7年分(算数・理科・社会)
広島学院中学校
7年分(算数・理科・社会)
広島女学院中学校
7年分(算数・理科・社会)
修道中学校
7年分(算数・理科・社会)
ノートルダム清心中学校
7年分(算数・理科・社会)

愛媛県

愛光中学校
7年分(算数・理科・社会)

福岡県

福岡教育大学附属中学校
(福岡·小倉·久留米)
7年分(算数・理科・社会)
西南学院中学校
7年分(算数・理科・社会)
久留米大学附設中学校
7年分(算数・理科・社会)
福岡大学附属大濠中学校
7年分(算数・理科・社会)

佐賀県

早稲田佐賀中学校
7年分(算数・理科・社会)

長崎県

青雲中学校
7年分(算数・理科・社会)

鹿児島県

ラ·サール中学校
7年分(算数・理科・社会)

※もっと過去問シリーズは国語の収録はありません。

教英出版
〒422-8054
静岡県静岡市駿河区南安倍3丁目12−28
TEL 054-288-2131
FAX 054-288-2133
詳しくは教英出版で検索
教英出版 検索
URL https://kyoei-syuppan.net/

令和６年度

群馬県立中央中等教育学校入学者選抜
伊勢崎市立四ツ葉学園中等教育学校入学者選抜
太田市立太田中学校入学者選抜

適　性　検　査　Ⅰ

（45分）

注　意　事《じ》　項《こう》

1　検査開始の指示があるまで，問題用紙を開いてはいけません。
2　問題は，１ページから９ページまであります。解答用紙は，２枚《まい》あります。
3　答えは，すべて，解答用紙の決められた場所に書きなさい。
4　検査終了《しゅうりょう》の指示があったら，すぐに筆記用具を置き，問題用紙と解答用紙の両方を机《つくえ》の上に置きなさい。

【問題１】

次の文章を読んで，⑴から⑷の問いに答えましょう。**答えは，解答用紙（２枚中の１）に記入しましょう。**

あやかさんたち図書委員会のメンバーは，１１月の読書月間に，全校児童に読書に親しんでもらうためにできることを，委員会の時間に考えることにしました。

⑴　次の**会話文**は，あやかさんたちが，読書月間にどのような活動をするか話し合いをしている様子です。

会話文

あやか：今年の読書月間は何をしようか。
さくら：去年はどんなことをしたのかな。
たくま：去年は図書室に行くたびに，ポイントカードにスタンプを押《お》してもらえたよ。
ゆうた：それによって図書室に行く回数に変化はあったのかな。先生に資料をもらったよ。
（　－　**資料１**を見ています　－　）
たくま：この資料を見ると，図書室に行く回数が増えたっていえると思うよ。１か月間一度も図書室に行かなかった人や，１～２回，３～４回しか行っていない人の割合《わりあい》が減っているからね。
なぎさ：それに，［　　　　　　］は増えているね。
あやか：ところで，今年はどんなテーマで活動をすればよいかな。
さくら：貸し出しのときに，いつも同じジャンルの本ばかり借りる人が多い気がするよね。今年の読書月間のテーマは，「いろいろなジャンルの本に親しもう」っていうのはどうかな。

資料１　１か月の間に図書室を訪《おとず》れた回数別児童数の割合（令和４年９月・１１月）

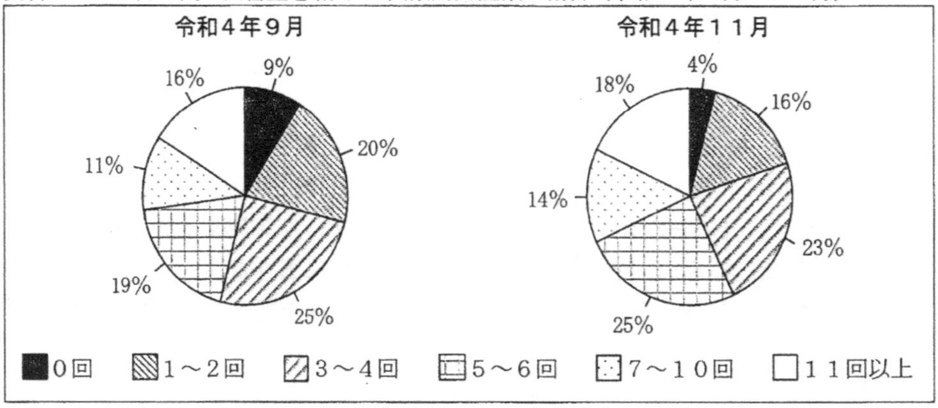

会話文では，なぎささんも，図書室に行く回数が増えたと考えています。**会話文**の［　　］に当てはまるように書きましょう。

(2)　全校児童にいろいろなジャンルの本に親しんでもらうために，図書委員会では**資料２**のような８つのジャンルに分け，図書室の紹介《しょうかい》コーナーで各ジャンルの本を展示《てんじ》することにしました。

資料２　８つのジャンル

・歴史や地域《ちいき》の本
・社会のしくみや文化の本
・算数や理科など自然にかかわる本
・暮《く》らしや技術，機械の本
・芸術，工作やスポーツの本
・言葉にかかわる本
・詩や物語の本，絵本
・その他（調べるための本，考え方や心についての本など）

次の**【条件】**で本を展示するとき，それぞれの本は何日間展示することができるか，書きましょう。また，そのように考えた理由を，言葉と数字を使って書きましょう。

【条件】

・紹介する本は，１ジャンルあたり９冊《さつ》，合計７２冊とする。
・紹介コーナーには，一度に１８冊の本を展示する。
・展示する期間は２０日間とする。
・展示する日数がどの本も同じになるように，展示する本を入れ替《か》える。
・本を入れ替える場合は，朝，図書室が開く前に行う。
・一度にすべてのジャンルの本を展示する必要はない。

(3)　ゆうたさんたちは，いろいろなジャンルの本に親しんでもらうために，ほかに何ができるかを考えることにしました。次の**会話文**は，ゆうたさんたちが話し合いをしている様子です。

会話文

ゆうた：できれば図書委員会から本の紹介をするだけではなくて，みんなに参加してもらえる活動も用意したいね。
なぎさ：そうだね。自分で参加すると，もっと本に興味をもってもらえそうだね。
あやか：それぞれのジャンルの本で，今まで読んでよかった本の紹介をしてもらうのはどうかな。
たくま：いいね。１年生には難《むずか》しそうだけど，参加できるかな。
さくら：それじゃあ，２年生から６年生に，自分が読んでよかった本の紹介を，１つ下の学年にしてもらうのはどうかな。
なぎさ：それぞれの学年に合った本の紹介をしてもらえそうだね。１年生も，自分たちに向けて２年生が紹介してくれると，うれしいと思うな。
（　－　話し合いは続きます　－　）

ゆうたさんたちは話し合った結果，次の**計画メモ**を準備しました。

計画メモ

（活動名）
おすすめの本の木

（内容）
・図書室の壁《かべ》に木の絵を貼《は》り，その枝の周りに本の紹介カード（花型カード）を貼っていく。

（準備）
・木の絵を，１～５年生用に各学年１つずつ，合計５つ作成する。
・花型カードを作成する（花型カードの色は本のジャンルごとに変える）。

（進め方）
・２～６年生は，１つ下の学年に向けて，自分が読んでよかった本の紹介を花型カードに書く。
・花型カードは，木の絵の近くに置いてあるものを使う。カードが書けたら，昼休みに図書委員に渡《わた》す。
・集まったカードは，図書委員が木の絵に貼る。
・たくさんカードを貼り，花がいっぱい咲《さ》いた木を作る。

① ゆうたさんたちは，次の手順で，折り紙を折って，はさみで切り，花型カードを作っています。ゆうたさんたちが作る花型カードはどのような形になりますか。できあがる花型カードの形を解答用紙の枠《わく》の中にかきましょう。解答用紙の枠は折り紙を，点線は折り目を表しているものとします。ただし，問題を解くときに，問題用紙などを実際に折ったり切ったりしてはいけません。

手順１　　手順２　　手順３　　手順４

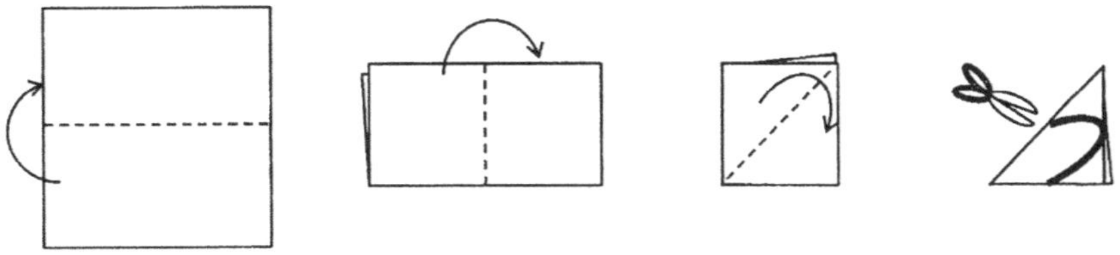

半分に折る　　半分に折る　　半分に折る　　太線をはさみで切る

② あやかさんたちは，「おすすめの本の木」の活動の進め方を２～６年生に説明するために，朝の集会で，**図**のように，図書室から各教室へオンラインで配信を行うことになりました。あやかさんは，この場面で，どのようなことを話せばよいでしょうか。**計画メモ**を参考にして，次の**原こう**の［　　　　］に当てはまるように，１００字以上１２０字以内で書きましょう。

図　配信のイメージ

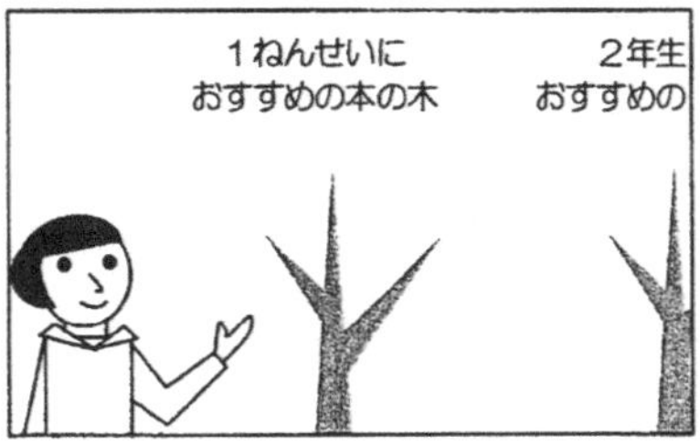

原こう

これから「おすすめの本の木」の進め方を説明します。ここにある５つの木に，みなさんが１つ下の学年の人たちに向けて書いた本の紹介カードを貼っていきます。

［　　　　］

(4) あなたが図書委員なら，全校児童にいろいろなジャンルの本に親しんでもらうために，どのような活動を考えますか。(1)～(3)にある活動とは別の活動を１つ考え，８０字以上１００字以内で書きましょう。

【問題２】

次の文章を読んで，⑴から⑸の問いに答えましょう。**答えは，解答用紙（２枚中の２）に記入しましょう。**

ゆうきさんの学校では，授業で学んだことを家族に発表する学習発表会を，３学期に，６年生全体で行います。学習発表会では，全員が３つの班《はん》（国語班，体育班，音楽班）に分かれて，発表をすることになりました。

⑴　次の**会話文**は，学習発表会で発表する内容について，国語班２５人で集まって話し合いをしている様子です。

会話文

ゆうき：国語班では何を発表しますか。先生は，班全員で協力して取り組めるような内容にしようと言っていましたね。
ひろと：国語の授業で学習した物語を劇《げき》にして発表したいです。
ゆうき：劇だと，出演する人だけではなく，大道具を担当《たんとう》する人や，ナレーターも必要ですね。
いつき：大変そうだなあ。ことわざカルタ大会を見てもらうのはどうですか。
ゆ　み：わたしはカルタが得意なので賛成です。
あおい：わたしも，劇より練習や準備が簡単《かんたん》な，カルタ大会がよいと思います。
ひ　な：わたしは，カルタ大会よりも劇の方がよいと思います。
なぜなら，劇の方が［　　　　　　　　　　］と思うからです。
（　－　話し合いは続きます　－　）

ひなさんが，「わたしは，カルタ大会よりも劇の方がよいと思います。」と発言した理由を，**会話文**の［　　　］に当てはまるように書きましょう。

(5)

（１字あけずに，「→」から横に書きましょう。また，段落《だんらく》での改行はしないで続けて書きましょう。句読点も一字に数えます。）

→

(80字)

(100字)

→

(100字)

(120字)

(4)

（１字あけずに，「→」から横に書きましょう。また，段落《だんらく》での改行はしないで続けて書きましょう。句読点も一字に数えます。）

→

(80字)

(100字)

適性検査Ⅰ　解答用紙（２枚中の２）　（令和６年度）

受検番号		氏名	

【問題２】

(1)

(2)

（１字あけずに，「→」から横に書きましょう。また，段落《だんらく》での改行はしないで続けて書きましょう。句読点も一字に数えます。）

→ (20字)

(40字)

(3)

班

【理由】

(4)

適性検査Ⅰ　解答用紙（２枚中の１）	（令和６年度）	受検番号		氏名	

（配点非公表）

【問題１】

(1)

(2)

日間

【理由】

(3)

①

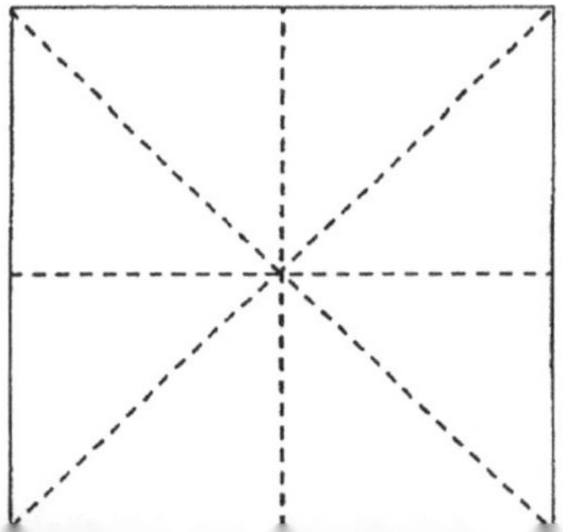

(2)　話し合いの結果，国語班では，劇をすることになりました。また，音楽班では合奏《がっそう》を，体育班ではリズムなわとび（音楽に合わせたなわとび）をすることになりました。その後，各班で相談し，練習の計画表を作成しました。**資料１**は体育班が作成した計画表です。

資料１　体育班の計画表

<table>
<tr><th></th><th>体育班
（リズムなわとび）</th></tr>
<tr><td>１回目</td><td>曲選び</td></tr>
<tr><td>２回目</td><td>技《わざ》や振《ふ》り付《つ》け決め</td></tr>
<tr><td>３回目</td><td rowspan="2">グループ練習</td></tr>
<tr><td>４回目</td></tr>
<tr><td>５回目</td><td>全体練習</td></tr>
</table>

次の**会話文**は，３回目のグループ練習の後に，体育班の各グループのリーダーが集まって，４回目の練習の進め方について話し合いをしている様子です。

会話文

たけし：今日のグループ練習では，技はみんな上手になったけれど，音楽に合わせてとぶのに苦労している人もいたね。

あいり：次のグループ練習では，みんなが音楽に合わせてとべるようになりたいね。

れ　ん：それじゃあ，グループごとにみんなの前でとんでみようよ。

み　き：それだと，音楽に合わせてとべていないことに，自分では気が付きにくいのではないかな。

（　－　話し合いは続きます　－　）

４回目の練習で，音楽に合わせてとべているかを自分で確認《かくにん》するために，あなたならどのような工夫《くふう》を提案しますか。具体的な工夫を２０字以上４０字以内で書きましょう。

(3)　学習発表会では各班の発表のほかに，学年全員で合唱したり，家族へプレゼントを渡したりすることになりました。

ゆうきさんたちは，当日のプログラムや会場について考えています。**資料２**はゆうきさんたちが作成しているプログラムの一部です。下の**【条件】**でプログラムを考えるとき，**資料２**のプログラムの４番目は，国語班，体育班，音楽班のうち，どの班の発表になるか，書きましょう。また，そのように考えた理由を，言葉と数字を使って書きましょう。

資料２　作成中のプログラムの一部

プログラム

５・６時間目

１．開会式
２．□班の発表
３．□班の発表
４．□班の発表
５．□
６．□
７．閉会式《へいかいしき》

【条件】

・学習発表会は５時間目と６時間目を使って行う。５時間目，６時間目はそれぞれ４５分間で，間に１０分間の休み時間をとる。
・会場は体育館とする。国語班と音楽班はステージ上，体育班はステージ下のフロアで発表する。
・ステージ上で行う２つの班の発表は，休み時間に片付《かたづ》けや準備ができるように５時間目，６時間目に分ける。
・全員での合唱と家族へのプレゼントは６時間目に行う。
・休み時間はプログラムの番号には入れない。
・班の入れ替えにかかる時間は発表時間にふくまれているので，考えなくてよい。
・各プログラムの時間は次のとおりである。

開会式	５分
閉会式	５分
全員での合唱	１０分
家族へのプレゼント	８分
国語班の発表	２２分
体育班の発表	２２分
音楽班の発表	１８分

(4)　家族へのプレゼントは，家庭科の時間に製作するトートバッグになりました。次の**メモ**をもとに，トートバッグを製作するとき，何m何ｃｍの長さの生地《きじ》を購入《こうにゅう》すればよいですか。答えを書きましょう。

メモ

- 生地は，**図１**のように，幅《はば》が１１０ｃｍで，長さが１０ｃｍ単位で販売《はんばい》されているものを購入する。
- 生地は，なるべく短い長さで購入する。
- トートバッグを１つ製作するには，**図２**のように，型紙の周りにぬいしろをつけた大きさの布が必要である。
- トートバッグのできあがりの大きさは，たて２４ｃｍ，横３２ｃｍである（**図３**）。
- 作る個数は７５個である。
- 生地から７５枚の布を切り出すとき，型紙を置く向きはすべて同じとする。
- 持ち手は別の素材で製作するので，考えなくてよい。
- 製作過程での失敗は考えなくてよい。

図１　購入する生地

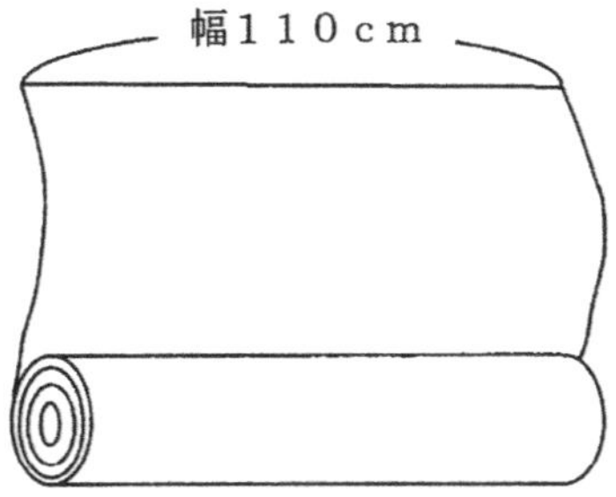

図２　１つのトートバッグに必要な布の大きさ

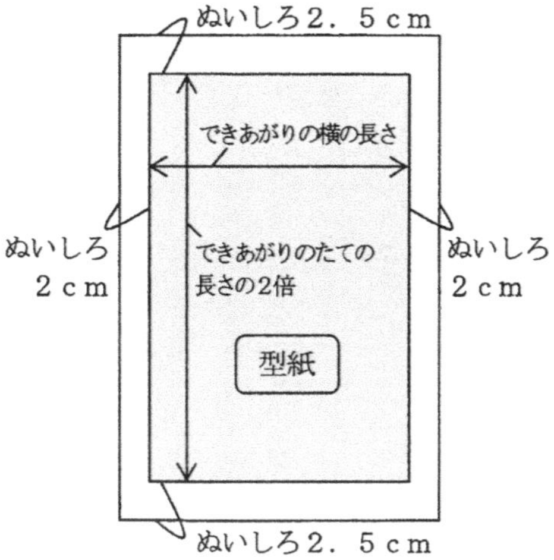

図３　製作するトートバッグ

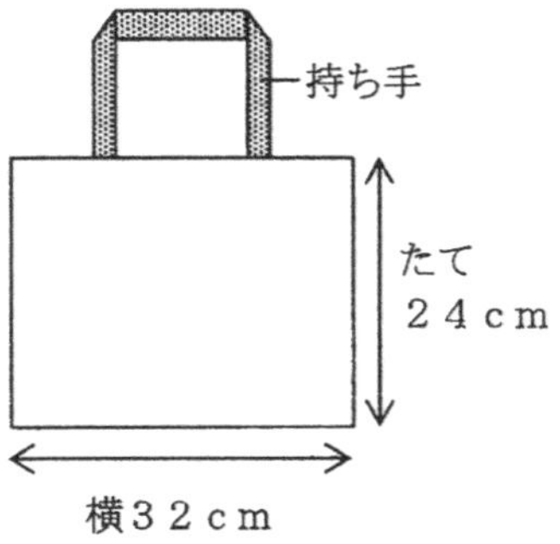

(5)　ゆうきさんは，学習発表会の当日の開会式で，見に来てくれた家族に向けて，学年を代表してあいさつをすることになりました。ゆうきさんになったつもりで，次の**あいさつ文**の□に当てはまるように，８０字以上１００字以内で書きましょう。

あいさつ文

今日は学習発表会に来てくれてありがとうございます。

□

令和６年度

群馬県立中央中等教育学校入学者選抜

適　性　検　査　II

（45分）

注　意　事《じ》項《こう》

1　検査開始の指示があるまで，問題用紙を開いてはいけません。
2　問題は，１ページから６ページまであります。解答用紙は，１枚《まい》あります。
3　答えは，すべて，解答用紙の決められた場所に書きなさい。
4　検査終了《しゅうりょう》の指示があったら，すぐに筆記用具を置き，問題用紙と解答用紙の両方を机《つくえ》の上に置きなさい。

【問題】　次の**文章A**、**文章B**を読み、問一～五に答えなさい。

文章A

次の文章は言語学者である川原先生が、小学生のらんさんやみあさんたちに特別授業をしたときの様子と、それに関する解説です。

川原　じゃあさっそく授業を始めましょう！　らんが大胆《だいたん》に直球で聞いてくれた質問があるので、この質問から取りあげたいと思います。①「ことばの研究って何がおもしろいの？」。これいい質問だよね。

《中略》

ウォームアップとして、ことばの研究の魅力《みりょく》を伝えるために、こんな例を持ってきました。

「にせ**た**ぬきじる」という表現と「にせ**だ**ぬきじる」という表現をゆっくり考えてみて。この二つの意味の違《ちが》いは感じられる？

みあ　「にせたぬきじる」というのは、「たぬきじる」に「にせ」を付けたもので、「にせだぬきじる」っていうのは「だぬき」に「にせ」を付けたもの。

川原　そうだね、「だぬき」まぁ「たぬき」だね。つまり、「にせたぬきじる」で、にせものなのは何？

――　たぬきじる！

川原　そう！　「にせたぬきじる」は「たぬきじる」のにせものです。「にせだぬきじる」は、「たぬき」の「にせもの」が入ったおしるです。この違いわかった？

《中略》

ここで不思議なのは、「た」に「〃」が一つ付くか付かないかだけで意味が違ってしまうってこと。「た」と「だ」が違うだけで、意味が大きく違っちゃう。

でも、この意味の違いってみんな誰《だれ》にも教わってないよね？　絵本には出てこないし、お父さんもお母さんも教えてくれなかったと思う。「いい？　みあちゃん、『にせたぬきじる』の意味はこれで、『にせだぬきじる』の意味はこれよ」なんて教える親はいないからね。

だけど、みんなには意味の違いがわかったよね。自分ですぐにぱっとわからなくても、みんなで一緒《いっしょ》に考えたら「ああ、なるほど」ってなったでしょう？

「『〃』だけで、なんで意味の違いが出てくるんだろう？」「なんでこの違いがわかるんだろう？」って不思議に思わない？

この不思議を発見できるのが、言語学の魅力の一つです。

《中略》

さて、次の疑問《ぎもん》は、なぜ濁点《だくてん》の有無《うむ》から、先の意味の違いが生まれてくるのかということです。これを理解するために、「連濁《れんだく》」という現象と「ライマンの法則」を説明しましょう。

まず、日本語では二つの単語をくっつけて新しい単語をつくる時に、二番目の先頭の音に濁点が付く場合があります。これを「連濁」

と呼《よ》びます。

連濁

こ＋たから→こだから　　あお＋そら→あおぞら
ひよこ＋くみ→ひよこぐみ　　すずめ＋はち→すずめばち

連濁が起こるかどうかはいろいろな要因に左右されるのですが、二番目の単語がすでに濁音《だくおん》を含む場合は連濁が起きません。これを「ライマンの法則」といいます。

ライマンの法則

ひと＋かげ→ひとかげ　　ひやし＋そば→ひやしそば
あか＋かぶ→あかかぶ　　よこ＋はば→よこはば

さて、ここで「にせたぬきじる」と「にせだぬきじる」の例に戻《もど》りましょう。

「にせだぬきじる」の樹形図《じゅけいず》

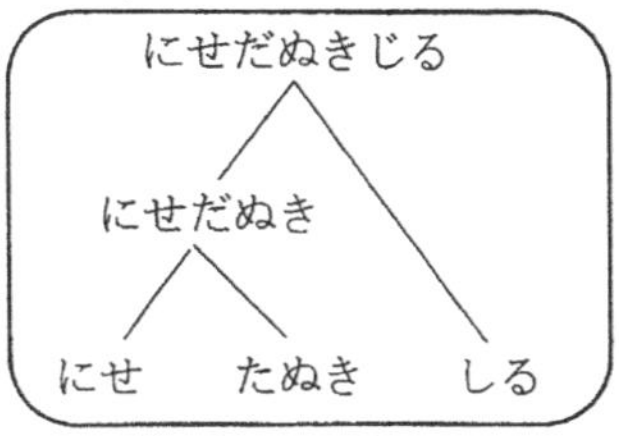

まず、後者の「にせだぬきじる」は「にせ」の「たぬき」が入っている「しる」でした。「にせ」なのは「たぬき」だから、「にせ」と「たぬき」をくっつけると、連濁が起こって「にせだぬき」になります。これに「しる」をくっつけると、また連濁が起こって「にせだぬきじる」となるわけです（上図）。

では「にせたぬきじる」はどうでしょうか。

「にせたぬきじる」の樹形図

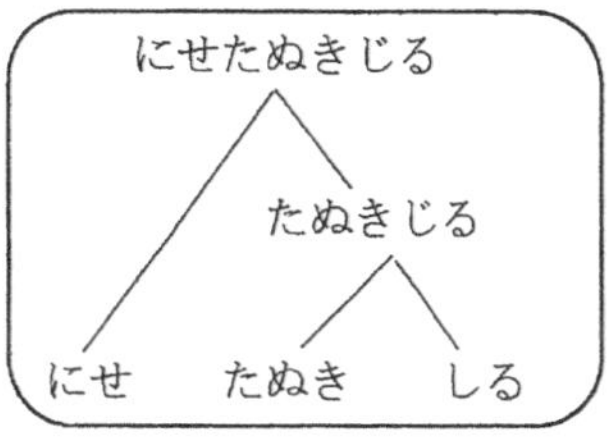

こちらは「にせ」の「たぬきのしる」でした。ですから今度は、「たぬき」と「しる」をくっつけると、連濁が起こって「たぬきじる」ができあがります。次に、「にせ」に「たぬきじる」をくっつけると、「たぬきじる」にはすでに濁音が含まれていますから、ライマンの法則により連濁が阻止《そし》されます。よって「にせたぬきじる」が生まれます（上図）。

まとめると、二つの表現の意味の違いは、「にせ」「たぬき」「しる」という三つの要素がどのような順番でくっついているのか（つまり、どのような構造を持っているのか）に還元《かんげん》できます。

それぞれの順番通りに連濁を適用すれば、ライマンの法則により、「にせ＋たぬきじる」の時のみ連濁が阻止されます。よって、聞き手が「にせたぬきじる」や「にせだぬきじる」という表現を聞いた時に、適切な解釈《かいしゃく》が自然と導かれるわけです。

これらのことを考えると、日本語母語話者は「連濁」や「ライマンの法則」を無意識的にではあるけれども、抽象的《ちゅうしょうてき》なルールとして知っている、という結論《けつろん》が得られます。

（川原繁人《しげと》『なぜ、おかしの名前はパピプペポが多いのか？言語学者、小学生の質問に本気で答える』より本文および図を一部修正）

2024(R6) 県立中央中等教育学校
教英出版

【注】＊阻止…ふせぐこと。
＊還元…もとに戻すこと。
＊母語…ある人が、子どものときに周りの人が話すのを聞いて自然に習い覚えた最初の言語。

問一　「ぬりはしばこ」と「ぬりばしばこ」という表現について、「連濁」に注目して意味を考えましょう。「はし」ではなくて「はこ」が塗《ぬ》られているのはどちらだと考えられますか。解答用紙のカッコに〇を書いてください。また、選んだ表現について、「ぬり」「はし」「はこ」の三つの要素の構造を、樹形図で表してください。

問二　傍線部《ぼうせんぶ》①「ことばの研究って何がおもしろいの？」について、筆者はどのように述べていますか。本文の内容に具体的に触《ふ》れながら説明してください。

問四

問五　（一字あけずに書きましょう。また、段落《だんらく》での改行はしないで、続けて書きましょう。）

120

受検生用 1

パーソナルプレゼンテーション（PP）について

1　事前課題

学びの中で感動したこと

2　事前課題の準備について

(1)　事前課題について、体験をもとに自分の考えをまとめてください。

(2)　自分の考えを伝えるための**言葉（4文字以内）または絵のいずれか一方**を発表用紙にかいてください。

(3)　作成した発表用紙を、出願手続時に配付された 受検生用 封筒に入れ、選抜検査当日に持ってきてください。

3　パーソナルプレゼンテーション（PP）全体の流れ

(1)　当日課題準備室への入室　：当日課題の発表用紙の作成に必要なものを持って入室します。

(2)　当日課題の発表用紙の作成：文章を読み、発表内容を当日課題の発表用紙に 20 分間でまとめます。

(3)　検査室への入室　：当日課題の発表用紙と事前課題の発表用紙を持って入室します。

(4)　当日課題の発表　：当日課題について、自分の考えを発表します。

(5)　事前課題の発表　：事前課題について、自分の考えを発表します。

(6)　検査室からの退室　：当日課題の発表用紙と事前課題の発表用紙を置いて退室します。

4　注意事項

(1)　事前課題の発表用紙について

①　コンピュータやカメラなどを使用して作成したものは使えません。

②　A3 判の大きさであれば、配られたものと違《ちが》う紙を使ってもかまいません。その際にも、受検番号と名前を裏《うら》に記入することを忘れないでください。

(2)　発表方法

①　事前課題の発表用紙は黒板に貼り、立って発表します。

②　当日課題の発表用紙は手元の机に置き、立って発表します。

③　当日課題、事前課題ともに、発表時間はおよそ 2 分です。

④　発表用紙以外のものは検査室に持ち込むことはできません。

[illegible]

[illegible]

[illegible]

[illegible]

[illegible]

[illegible]

[illegible]

[illegible]

パーソナルプレゼン

当日課題

【注　意】

1.　「始めなさい。」の指示があるまで、問題用紙・発表用

2.　問題用紙と発表用紙は、それぞれ１枚ずつあります。

3.　「始めなさい。」の指示があったら、問題用紙・発表用

4.　「やめなさい。」の指示があったら、すぐに筆記用具を

パーソナルプレゼンテーション（PP）当日課題　（文章を読み、発表用紙を20分で準備する）

【問題】　次の文章を読み、まず、他の人にも分かるような文章のまとめを発表しなさい。次に、筆者の言いたいことをふまえた自分の考えを、具体例を入れながら1分以内で発表しなさい。なお、発表の際は、発表用紙を活用してもかまいません。

（ただし、文中の※1～5までの語には、後に説明があります。）

「雑草は強い」

皆さんには、そんなイメージがありませんか。

ところが、植物学の教科書には、雑草は強いとは書いてありません。それどころか、「雑草は弱い植物である」と説明されています。

しかし、私たちの身の回りに生えている雑草は、どう見ても強そうに見えます。もし、弱い植物であるのなら、どうして私たちの身の回りにこんなにはびこっているのでしょうか。

弱い植物である雑草が、どうして、こんなにも強く振る舞っているのか。どうやら、そこにこそ「強さとは何なのか？」を考えるヒントがありそうです。

【　中略　】

強くなければ生きていけない自然界で、弱い植物である雑草ははびこっています。これはなぜでしょう。

強さというのは、何も競争に強いだけを指しません。

※1英国の生態《せいたい》学者であるジョン・フィリップ・グライムという人は、植物が成功するためには三つの強さがあると言いました。

一つは競争に強いということです。

植物は、光を浴びて光合成をしなければ生きていくことができません。植物の競争は、まずは光の奪《うば》い合いです。成長が早くて、大きくなる植物は、光を※2独占《どくせん》することができます。もし、その植物の陰《かげ》になれば、十分に光を浴びることはできません。植物にとって、光の※3争奪《そうだつ》に勝つことは、生きていく上でとても大切なことなのです。

【太田中　作

「そうか——。」宇宙人《うちゅうじん》は、うなずいた。
「きみがそういうなら、とにかく、きみがおとなになるまで、まってみよう。」
そういうと、あたりは、またスウッとくらくなった。

（後略）

出典　小松左京「宇宙人《うちゅうじん》のしゅくだい」（講談社、一九八一）

【課題1】

今から十年後（二〇三四年）、あなたたちが大人になったとき、この宇宙人たちが再び地球にやって来たとしたら、宇宙人たちは地球をどうすると思いますか。次の〈条件〉にしたがって、書きましょう。

〈条件〉
・あとのA、Bのどちらかの立場に立ち、理由を明らかにして書きましょう。
（どちらを選んでも採点にはえいきょうしません。）
・はじめに自分の立場を書き、改行せずに続けて書きましょう。
・二百字以内で書きましょう。

A	宇宙人たちは地球をほろぼす。
B	宇宙人たちは地球をほろぼさない。

【課題2】

地球がほろぼされないために、あなたが大人になるまでにできることは何ですか。
これまでの自分の経験をふまえて四百字以内で書きましょう。

令和六年度　太田市立太田中学校入学者選抜

作文　解答用紙

受検番号

氏名

【課題1】

（二十字×十行）

（評価基準非公表）

5行

10行

200字

【太田中　作

【課題2】

（二十字×二十行）

４００字

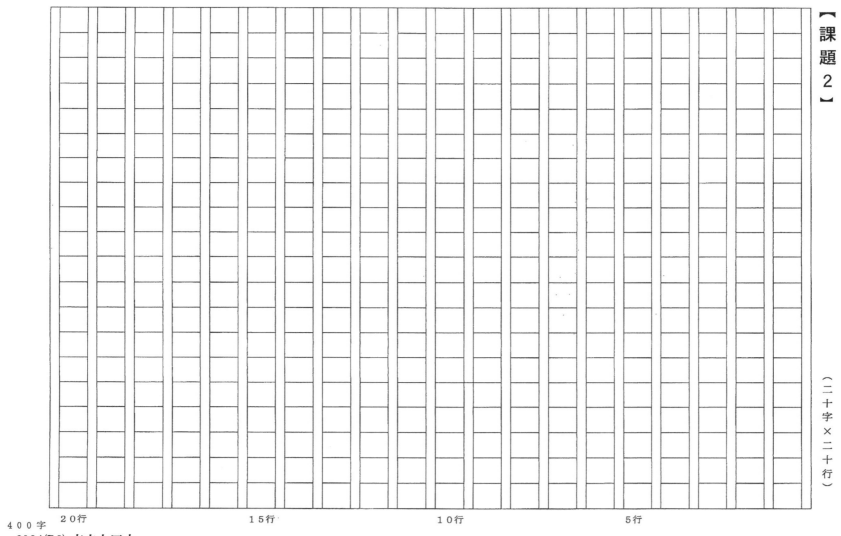

【問題】

次の文章を読んで、【課題1】、【課題2】について答えましょう。

《注意》解答用紙には、題名を書かずに文章から書き始めること。

余白はメモなど自由に使ってかまいません。

学校《がっこう》のかえり道《みち》、とつぜん、頭《あたま》がいたくなって、めまいがしたかと思《おも》うと、目《め》の前《まえ》がまっくらになった。

——気《き》がつくと、ヨシコは、まっくらなところにいた。

あたりを見《み》まわすと、横《よこ》にキラキラかがやくものがあった。——星《ほし》みたいだな、とヨシコは思《おも》った。——わたし、いったいどこへきちゃったのかしら?

あたりにスウッと青《あお》い光《ひかり》がさすと、ひろい、部屋《へや》がうかびあがった。まがりくねったパイプや、へんな機《き》械《かい》がいっぱいあって、ヨシコと同《おな》じぐらいの高《たか》さの、赤《あか》い、大《おお》きな目《め》をした人間《にんげん》が三人《にん》いた。——三人《にん》とも青《あお》い、ピカピカ光《ひか》る服《ふく》を着《き》ていた。

「こわがらなくてもいい。」と、そのうちの一人《ひとり》がいった。「きみは地球人《ちきゅうじん》だね。」

「ええ、そうよ。」とヨシコはいった。

「あなたたち、宇宙人《うちゅうじん》でしょう。」

三人《にん》のへんな男《おとこ》は、びっくりしたように顔《かお》を見《み》あわせた。

「とてもかしこい。」と宇宙人《うちゅうじん》の一人《ひとり》はいった。「それに、こわがらない。勇気《ゆうき》がある。」

「動物《どうぶつ》や植物《しょくぶつ》はすきかい?」とべつの宇宙人《うちゅうじん》がきいた。

「だいすき!」とヨシコはいった。「お花《はな》も、小鳥《ことり》も、イヌも、ネコもみんな!」

「これも報告《ほうこく》とだいぶちがう。」宇宙人《うちゅうじん》たちはいいあった。

「地球人《ちきゅうじん》は、ざんこくで、地球《ちきゅう》の植物《しょくぶつ》や動物《どうぶつ》を、ねだやしにしようとしているときいていたが……。」

「地球《ちきゅう》を、いい星《ほし》だと思《おも》うかい?」と三番《ばん》めの宇宙人《うちゅうじん》がいった。

「すてきな星《ほし》よ!　美《うつく》しくって、ゆたかで……。」

「だが、地球人《ちきゅうじん》は、その星《ほし》を、放射能《ほうしゃのう》でめちゃめちゃにしようとしている。」宇宙人《うちゅうじん》は、するどくいった。

「地球人《ちきゅうじん》は、しょっちゅうおたがいにくみあい、戦争《せんそう》したり、他人《たにん》のものをだましとったり、ころしあったりしている。——わたしたち、宇宙人《うちゅうじん》としては、こんなれんちゅうが、科学《かがく》の進歩《しんぽ》によって、宇宙《うちゅう》にでてきてもらっては、こまるのだ。平和《へいわ》な宇宙《うちゅう》に、戦争《せんそう》やにくしみをもちこまれてはたまらない。だから、いまのうち、地球《ちきゅう》をほろぼしてしまおうか、と思《おも》っている。——どうだね?」

「ちょっとまって!」ヨシコはさけんだ。

「どうかそんなことしないで!　地球《ちきゅう》の人《ひと》たちは、ほんとうはみんないい人《ひと》たちよ。いまは、にくみあったり、戦争《せんそう》しあったりしてるけど、そのうちきっと、心《こころ》をあわせて、地球《ちきゅう》を、りっぱなすみよい星《ほし》にすると思《おも》うわ。——わたしたちが、おとなになったら、きっと戦争《せんそう》のない星《ほし》にして、地球《ちきゅう》をもっともっと、たいせつにするわ。——だから、おねがい!　ほろぼしたりしないで……。」

令和六年度

太田市立太田中学校入学者選抜

受検番号
氏　名

作　文

（45分）

注意事項

一　「始めなさい。」の指示があるまで、問題用紙を開いてはいけません。

二　問題用紙と解答用紙は、それぞれ一枚ずつです。

三　作文は解答用紙に書きましょう。

四　「やめなさい。」の指示があったら、すぐに筆記用具を置き、問題用紙と解答用紙の両方を机の上に置きましょう。

あるのです。それは、水がなかったり、寒かったりという※4過酷な環境です。

この環境にじっと耐《た》えるというのが二つ目の強さです。

たとえば、サボテンは水がない砂漠《さばく》でも枯《か》れることはありません。高い雪山に生える高山植物は、じっと氷雪に耐え忍ぶことができます。厳しい環境に負けないでじっと我慢《がまん》することも、「強さ」なのです。

三つ目が変化を乗り越《こ》える力です。

さまざまなピンチが訪れても、次々にそれを乗り越えていく、これが三つ目の強さです。

じつは、雑草はこの三つ目の強さに優れていると言われています。

雑草の生える場所を思い浮かべてみてください。

草取りをされたり、草刈《か》りをされたり、踏まれてみたり、土を耕されたり。雑草が生えている場所は、人間によってさまざまな環境の変化がもたらされます。そのピンチを次々に乗り越えていく、これが雑草の強さなのです。

実際には、地球上の植物が、この三つのいずれかに分類されるということではなく、むしろ、すべての植物が、この三つの強さを持っていて、そのバランスで自らの戦略を組み立てていると考えられています。

植物にとって競争に勝つことだけが、強さの※5象徴《しょうちょう》ではありません。一口に「強さ」と言っても、本当にいろいろな強さがあるのです。

（稲垣栄洋『はずれ者が進化をつくる　生き物をめぐる個性の秘密』ちくまプリマー新書を一部改変）

※1 英国……イギリスのこと。
※2 独占……自分ひとりだけのものにすること。ひとりじめ。
※3 争奪……争いや競争で奪い合うこと。
※4 過酷……きびしくてむごいこと。
※5 象徴……目に見えないものを具体的なものごとで表すこと。シンボル。

ーション

返してはいけません。

返し、発表用紙の右上に受検番号を忘れずに書いてください。
問題用紙と発表用紙の両方を机の上に置きなさい。

＃　**発表用紙は収録しておりません。**

伊勢崎市立四ツ葉学園中等教育学校

受検生用 2

パーソナルプレゼンテーション事前課題発表用紙

受検番号	

名　前	

※　自分の考えを伝えるための言葉（4 文字以内）または絵のいずれか一方を、

この裏《うら》の□の中にかいてください。

適性検査Ⅱ解答用紙

（令和六年度）

受検番号	
氏名	

（配点非公表）

問一　（どちらかに○）

（　）ぬりはしばこ

（　）ぬりばしばこ

樹形図

問二

問三

文章B は次のページから始まります。

文章B

次の文章は、生態学者である伊勢《いせ》先生が環境《かんきょう》問題について述べたものの一部です。筆者は、金魚と同じ水槽《すいそう》で二匹《にひき》のドジョウを飼っています。通常、ドジョウは水底でエサをとりますが、一匹のドジョウは大胆《だいたん》な性格のため、水面の金魚のエサを上手に食べられるようになりました。結果として、二匹のドジョウには体格差が生まれたそうです。

ここまでだと、「大胆にチャレンジするのはすばらしい」みたいな教訓の話のように聞こえてしまったかもしれない。しかし僕《ぼく》は生態学者であり、大胆に水面までのぼってくるドジョウの個性は、果たしていつでもプラスに働くのかどうか？　と考えてしまう。安全な我《わ》が家《や》の水槽とは違《ちが》い、自然界には危険《きけん》がいっぱいだ。小魚を食べようと、水鳥などの肉食動物が待ちかまえていたりする。そんなとき、水面のエサを食べるという行動はむしろマイナスになり、おとなしく砂《すな》にもぐっているほうがプラスになるかもしれない。

僕は釣《つ》り人《びと》でもある。おなじ種類の魚でも、個体によって個性があることを経験上知っている。ためらいなくルアーに食いつく大胆な個体もいれば、臆病《おくびょう》で用心深い個体もいる。なんでも口に入れてみる個体は、場合によってはたくさんエサを食べて大きく成長するかもしれない。しかし、ルアーにだまされて釣り上げられそこで一生を終える、なんて確率も高くなるのである。

そこで考えたのは、魚の生き方のトレードオフである。トレードオフとは、何かを得るために何かを失うという関係性のこと。ドジョウの場合、「エサをたっぷり食べる」というプラスには、「我《わ》が身《み》を危険《きけん》にさらす」というマイナスがつきものなのだ。自然界で生きている生物はみな、このようなトレードオフにさらされている。たとえば、恐竜《きょうりゅう》は大きな体を持つことで繁栄《はんえい》したが、その巨体《きょたい》を維持《いじ》するためにはたくさんのエサが必要になる。だから白亜紀《はくあき》末期に地球環境が激変《げきへん》したときに絶滅《ぜつめつ》してしまい、代わりに体の小さな哺乳《ほにゅう》類《るい》が栄えることになったのである。

環境問題を考えるときも、このトレードオフが重要になってくる。ドジョウとおなじように、②僕ら人間の行動にもトレードオフは存《そん》在《ざい》している。たとえば、環境問題を気にせず好き勝手に生きるという選択《せんたく》。そうすると、いまは楽しいけど将来《しょうらい》たいへんなことが生じる。逆に、環境問題を防止するため禁欲的《きんよくてき》な生活を送る。そうすると未来の環境は守られるけど、僕らは強いストレスにさらされることになってしまう。

トレードオフが存在《そんざい》するとき、答えはひとつに決まらない。もしも、長所しかない選択肢《せんたくし》があるなら、僕らは迷わずそれを選択することだろう。ところが、僕らの前に存在する選択肢は、それぞれ長所と短所を持つことが多い。どちらを選んでも弱点はある。そして、環境問題に関する選択には、このようなトレードオフが存在することが多々あるのだ。たとえば、僕らが文明生活を営むのに必要なエネルギーのつくり方。再生可能エネルギーにも太陽光・風力・潮汐《ちょうせき》などいろんなタイプがあり、それぞれに一長一短がある。僕らは冷静に、客観的な判断が求められる。ときには、複数の選択肢を併存《へいぞん》させるリスクヘッジという考え方が必要になったりする。このように、環境問題の解決はむずかしいことを理解しておくことはなにかの役に立つと思う。③もしあなたの前に「〇〇をやれば環境問題はすべて解決！」みたいなことを言う人が現れたら、その人は十中八九、あるいはそれ以上の確率で詐欺師《さぎし》であることを見破れるのだ。

（伊勢武史『２０５０年の地球を予測する　科学でわかる環境の未来』より）

【注】＊生態学…生物と環境の関係を解明する生物学の一分野。
＊ルアー…おとり。
＊禁欲…本能的な欲望をおさえること。
＊潮汐…海の満ち引き。
＊併存…二つ以上のものが同時に存在すること。
＊リスクヘッジ…危険を予測して、それを避けるための対策を行うこと。

問三　傍線部《ぼうせんぶ》②「僕ら人間の行動にもトレードオフは存在している」と筆者は述べていますが、環境問題におけるトレードオフについて、身近な具体例をあげて、説明してください。

問四　傍線部③「もしあなたの前に「〇〇をやれば環境問題はすべて解決！」みたいなことを言う人が現れたら、その人は十中八九、あるいはそれ以上の確率で詐欺師であることを見破れるのだ。」について、筆者がこのように述べている理由を説明してください。

問五　本校では入学後、一人一人が課題研究を行います。文章Ａと文章Ｂを書いた二人の研究者の姿勢《しせい》をふまえて、あなたは、どのような姿勢で研究をしていきたいと思いますか。百二十字以上百四十字以内で説明してください。

令和5年度

群馬県立中央中等教育学校入学者選抜
伊勢崎市立四ツ葉学園中等教育学校入学者選抜
太田市立太田中学校入学者選抜

適性検査Ⅰ

（45分）

注意事項《こう》

1　「始めなさい。」の指示があるまで，問題用紙を開いてはいけません。
2　問題は，1ページから9ページまであります。解答用紙は，2枚《まい》あります。
3　解答は，すべて，解答用紙の決められた場所に書きなさい。
4　「やめなさい。」の指示があったら，すぐに筆記用具を置き，問題用紙と解答用紙の両方を机《つくえ》の上に置きなさい。

【問題１】

次の文章を読んで，(1)から(4)の問いに答えましょう。**答えは，解答用紙（２枚中の１）に記入しましょう。**

６年生の海人《かいと》さんは，つつじ小学校の保健委員です。保健委員会では，全校児童が安全で楽しい学校生活を送ることができるように，さまざまな活動に取り組んでいます。

(1)　次の**会話文**は，海人さんたち保健委員が，１０月の保健委員会で，下の**資料１**を見ながら，話し合っている様子の一部です。

会話文

海　人：みんなが，安全で楽しい学校生活を送れるようによびかけてきたけれど，**資料１**のけがをした児童の人数を見ると，校舎内でけがをした児童の人数が多くなってきているね。

結《ゆ》　菜《な》：校舎内でけがをした児童の人数を見ると，４月から７月までは，１か月あたり平均［　ア　］人なのに，９月は１０人もいるよ。

あさみ：９月のけがの原因を見ると，校舎内で起こったけがの多くは，転んだことが原因だね。

千《ち》　秋《あき》：学校には，校舎内を走ってはいけないというきまりがあるけれど，最近，ろうかを走っている人を多く見かけるよ。

弘《ひろ》　樹《き》：ろうかを走ると，転んでけがをしてしまうかもしれないし，きまりもあるのだから，校舎内を走るのはよくないよね。

結　菜：それだけでなく，［　イ　］かもしれないから，校舎内を走ってはいけないと思うな。安全で楽しい学校生活のために，きまりを守るように伝えていこうよ。

海　人：そうだね。でもその前に，校舎内を走ったことがある人はどのくらいいるのか，アンケートをとって調べてみようよ。

（　―　話し合いは続きます　―　）

資料１　けがをした児童の人数と９月のけがの原因

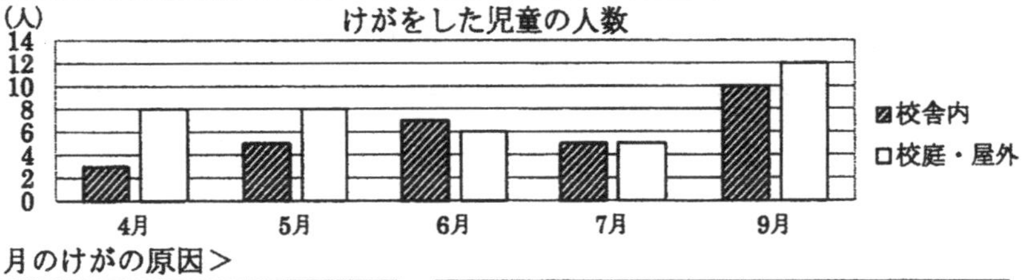

＜９月のけがの原因＞

校舎内	転んだ（７人）
	指を切った（２人）
	腕《うで》をぶつけた（１人）

校庭・屋外	転んだ（７人）
	ボールが当たった（５人）

①　**会話文**の［　ア　］に当てはまる数字を書きましょう。

②　校舎内を走ってはいけない理由には，どのようなことがあるでしょうか。結菜さんになったつもりで，**会話文**の［　イ　］に当てはまるように書きましょう。

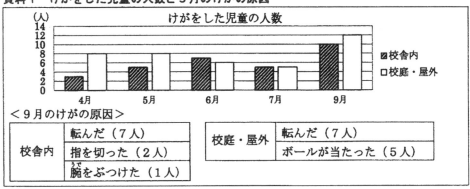

(2)　次の**資料２**は，保健委員会が全校児童に対して行ったアンケート調査の結果です。下の**メモ**は，海人さんが**資料２**を見て分かったことについてまとめたものです。**メモ**の［ア］，［イ］に当てはまる数字を書きましょう。

資料２　アンケート調査の結果

全校児童（４９０人）が回答

○　この１か月の間に，１回でも校舎内を走ってしまったことはありますか。
　はい　…　３４３人　　　　　いいえ　…　１４７人

「はい」と答えた児童（３４３人）が回答

○　なぜ校舎内を走ってしまったのですか。
　（主な回答）
　・友達と遊んでいて，走ってしまった。
　・遊びに夢中になっていて，休み時間が終わったことにチャイムが鳴って気がついたから。
　・休み時間になって，早く遊びに行きたかったから。

○　校舎内を走ったときにけがをするかもしれないと考えましたか。
　はい　…　６１人　　　　　いいえ　…　２８２人

○　学校には校舎内を走ってはいけないというきまりがあることを知っていますか。
　はい　…　３３１人　　　　　いいえ　…　１２人

メモ

・この１か月の間に，１回でも校舎内を走ってしまったことがある人は，全校児童の［ア］%である。
・この１か月の間に，１回でも校舎内を走ってしまったことがある人のうち，校舎内を走ったときにけがをするかもしれないと考えた人で，走ってはいけないというきまりがあることを知っていたのに走ってしまった人は，少なくとも［イ］人いる。

(3)　アンケート調査の結果を見た海人さんたち保健委員は，校舎内を走らないようによびかけるための掲示物《けいじぶつ》を作ることになり，次のような**掲示物の下書き**を作りました。下の**会話文**は，海人さんたち保健委員が，**掲示物の下書き**を見ながら，話し合っている様子の一部です。

掲示物の下書き

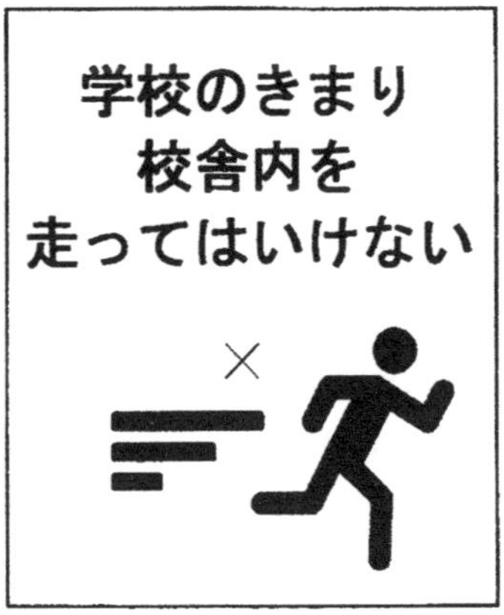

会話文

海　人：校舎内を走ってしまった人のうち，きまりがあることを知っていた人は多かったから，この掲示物だと，走る人は減らないかもしれないね。
あさみ：たしかにそうだね。なぜそのきまりがあるのかを伝えた方がいいよね。
千　秋：そうだね。それと，デザインについては，ろうかや階段《かいだん》などにはるものだから，はなれたところから見ても分かりやすいものにしたいね。
（　—　話し合いは続きます　—　）

よりよい掲示物を作るために，あなたなら**掲示物の下書き**をどのように直しますか。**会話文**をもとに，言葉とイラストのそれぞれについて，下書きをどのように直すのか，具体的な修正案を言葉で書きましょう。

(4)　完成した掲示物をはってから１か月ほどたった後に，保健委員会は，全校児童に対して１回目と同じ内容で２回目のアンケート調査を行い，１２月の保健委員会で，２回のアンケート調査のふり返りをしました。その結果，２回のアンケート調査の内容についての報告と，今後，みんなにしてほしい具体的な行動についてのお願いを，お昼の校内放送で，全校児童に伝えることが決まりました。次の**放送げんこう**は，次のページの**資料３**を見ながら書いたものです。

放送げんこう

みなさん，こんにちは。保健委員会からのお知らせとお願いです。
はじめに，保健委員会が行った2回のアンケート調査の結果をお知らせします。
1回目と2回目のアンケート調査の結果を比べると，１か月の間に1回でも校舎内を走ってしまったことがある人の数が，少なくなりました。１１月の校舎内でけがをした児童の人数が，9月と比べて減っていることも分かっています。さらに，校舎内を走ってしまったことがあると答えた人の回答で，1回目と2回目の結果を比べてみると，［　ア　］が増えました。これは，みなさんの安全な学校生活への意識が高まったからだと思います。
次に，みなさんにお願いです。

［　イ　］

保健委員会からのお知らせとお願いでした。（おわり）

①　校舎内を走ってしまったことがあると答えた人の回答で，１回目と２回目を比べると，何が増えていますか。**資料３**の内容をもとに，**放送げんこう**の［　ア　］に当てはまるように書きましょう。

②　校舎内を走る人がさらに減るような具体的な行動について，あなたなら，どのようにお願いしますか。**資料３**の，校舎内を走ってしまった理由をもとに考え，**放送げんこう**の［　イ　］に当てはまるように，１００字以上１２０字以内で書きましょう。

修正案【イラスト】

下書きの　　　　を　　　　。

(4)

①ア

②イ

（１字あけずに，「→」から横に書きましょう。また，段落《だんらく》での改行はしないで続けて書きましょう。句読点も１字に数えます。）

→

(100 字)

(120 字)

欄】

(4)

(5)

石山　公太さんへ

（1字あけずに，「→」から横に書きましょう。また，段落《だんらく》での改行はしないで続けて書きましょう。句読点も1字に数えます。）

→

(100字)

(120字)

6年　田中　正人

適性検査Ⅰ　解答用紙（２枚中の２）	（令和５年度）	受検番号		氏名	

【問題２】

(1)

（１字あけずに，「→」から横に書きましょう。また，段落《だんらく》での改行はしないで続けて書きましょう。句読点も１字に数えます。）

→

(40字)

(60字)

(2)　【ⓐの長さ】

m　cm

【理由】

(3)　【玉を投げる場所からかごまでのきょり】　【かごの高さ】

適性検査Ⅰ　解答用紙（２枚中の１）

（令和５年度）

受検番号		氏名	

（配点非公表）

【問題１】

(1)

①ア

人

②イ

(2)

ア

%

イ

人

(3)

修正案【言葉】

下書きの

【適Ⅰ

資料３　１２月の保健委員会の資料
（９月と１１月のけがをした児童の人数と２回のアンケート調査の結果）

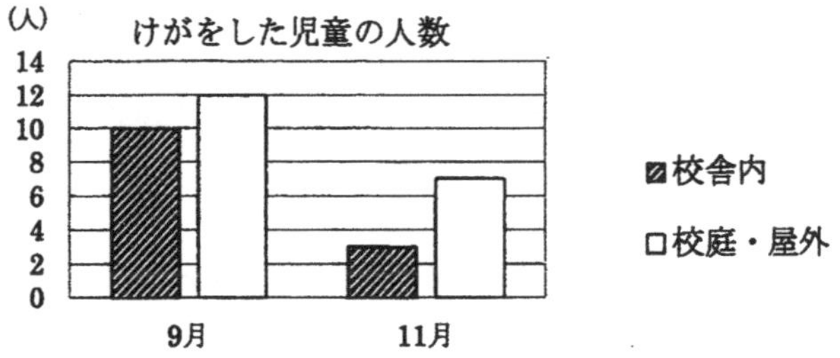

＜２回のアンケート調査の結果＞

○　この１か月の間に，１回でも校舎内を走ってしまったことはありますか。

	はい	いいえ	合計
１回目	３４３人	１４７人	４９０人
２回目	９２人	３９８人	４９０人

「はい」と答えた児童が回答

○　なぜ校舎内を走ってしまったのですか。
（主な回答）

１回目	・友達と遊んでいて，走ってしまった。 ・遊びに夢中になっていて，休み時間が終わったことにチャイムが鳴って気がついたから。 ・休み時間になって，早く遊びに行きたかったから。
２回目	・音楽室に行ったとき，わすれ物をしたことに気がついて，急いで教室にもどったから。 ・昼休みに，次の授業が始まる直前まで図書室で本を読んでいて，授業におくれそうになったから。

○　校舎内を走ったときにけがをするかもしれないと考えましたか。

	はい	いいえ	合計
１回目	６１人	２８２人	３４３人
２回目	３２人	６０人	９２人

○　学校には校舎内を走ってはいけないというきまりがあることを知っていますか。

	はい	いいえ	合計
１回目	３３１人	１２人	３４３人
２回目	８８人	４人	９２人

【問題２】

次の文章を読んで，(1)から(5)の問いに答えましょう。**答えは，解答用紙（２枚中の２）に記入しましょう。**

６年生の正人《まさと》さんが通うさくら小学校では，９月に全校での運動会があり，運動会に向けた準備を６年生が中心となって行っています。

(1)　次の**会話文**は，正人さんたちが，運動会のスローガンについて，話し合っている様子の一部です。

会話文

正　人：ぼくたち６年生にとって最後の運動会になるから，いいスローガンを作りたいね。どんな言葉にしようか。

真《ま》　琴《こと》：「目指せ優勝《ゆうしょう》」や「栄光をつかめ」といった感じかな。

美《み》　鈴《すず》：最後の運動会だから勝ちたい気持ちも分かるけれど，運動が得意な子も苦手な子もみんなではげまし合って，全力で取り組んでいくことが大切だと思うな。

正　人：だれか一人でもつまらなかったと思うような運動会ではだめだよね。

真　琴：そうか。勝つことだけを目指したスローガンにしたら，そういった気持ちになってしまう人も出てきてしまうね。

かえで：「みんなで」を強調するために，全校の児童数６０３も入れよう。

美　鈴：わたしたちの気持ちが全校のみんなに伝わるような，すてきなスローガンを作ろう。

（　―　話し合いは続きます　―　）

決定したスローガンを，全校集会で紹介《しょうかい》することになりました。運動会の成功に向けてスローガンにこめた思いを伝えます。あなたならどのような紹介文にしますか。次の**紹介文**の［　　　］に当てはまるように，４０字以上６０字以内で書きましょう。

紹介文

今年の運動会のスローガンは，「団結！全力！スマイル！見せろ６０３のきずな」です。６０３というのは全校の児童数です。

このスローガンには，

［　　　　　　　　　　　　　　　　　　　　　］

みんなで運動会を成功させましょう。（おわり）

(2)　スローガンは，校庭からよく見えるように，校舎２階のベランダに掲示することになりました。次の図のように，スローガンの文字が書かれた板を，ベランダに横一列にならべて掲示します。下の**条件**にしたがって掲示するとき，図のあの長さは何 m 何 cm になるでしょうか。答えとその理由を，言葉と数字を使って説明しましょう。

図　校舎２階のベランダ（校庭から見た図）

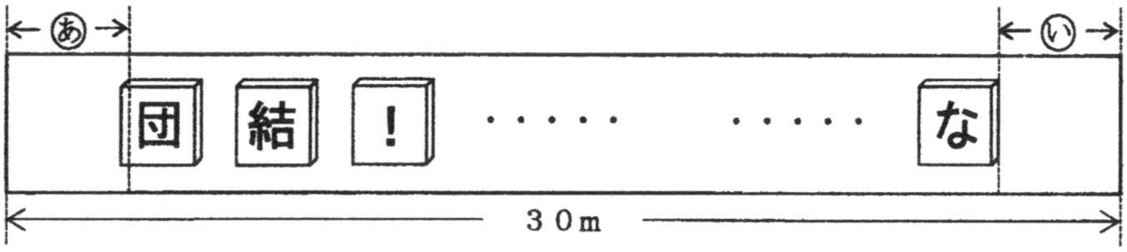

条件

- **団結！全力！スマイル！見せろ６０３のきずな**の２１文字（「！」も１文字とする）を，１文字ずつ板に書き，図のようにベランダに掲示する。
- 板１枚の文字を書く面は，たて７０cm，横７０cm の正方形である。
- となり合う板と板の間を，それぞれ５０cm ずつあけて掲示する。
- 使用するベランダの長さは，３０m である。
- 図のあといの長さが等しくなるように掲示する。

(3)　６年生が玉入れの練習をしていたところ，玉が入りすぎて，入った玉を数えるのに時間がかかってしまい，本番で競技時間がのびてしまう心配が出てきました。そこで，先生がかごを高くしたところ，今度は児童から，玉が入らなくて楽しくないという意見が出ました。そのため，正人さんたちのクラスで，時間内に玉入れが終わり，その中で，できるだけ多くの玉が入るようにするためには，どうすればよいか試《ため》してみることにしました。次の**ノート**は，本番の玉入れ１回における時間と，練習中に試した玉入れの結果を書いたものです。練習中に試した玉入れでは，玉を投げる場所からかごまでのきょりと，かごの高さを変えながら，それぞれ２回ずつ玉入れを行いました。

ノート

【本番の玉入れ１回における時間】
・玉を投げる時間と，玉を数える時間を合わせて３分３０秒以内とする。
・玉を投げる時間は１分間とする。
・入った玉は１つずつ数え，１つ数えるのに２秒かかる。

【練習中に試した玉入れの結果】
・本番と同じ人数で玉を投げるが，玉を投げる時間は１回２０秒間とした。

表　入った玉の個数（それぞれ上段が１回目，下段が２回目）

高さ※2 ＼ きょり※1	１．５m	２．０m	２．５m	３．０m	３．５m
２．２m	６０	５７	４５	３１	１７
	６２	５５	４５	３３	１９
２．４m	５７	５２	３９	２２	１３
	５８	５０	４０	２４	１４
２．６m	５３	４３	２９	１９	１１
	５５	４４	３３	２１	１０
２．８m	４８	３６	２０	８	６
	４６	３８	１８	１０	９

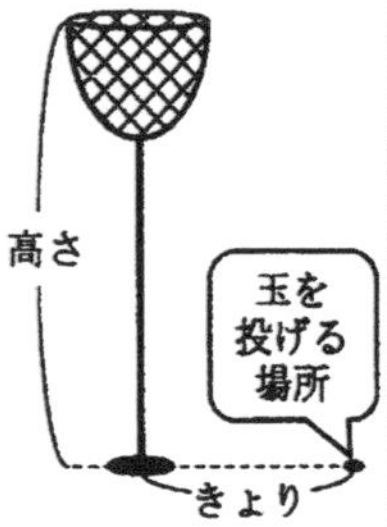

※１　きょり･･･玉を投げる場所からかごまでのきょり
※２　高さ　･･･かごの高さ

本番の玉入れ１回において，時間内に玉入れが終わり，できるだけ多くの玉が入るようにするためには，玉を投げる場所からかごまでのきょりと，かごの高さをそれぞれ何ｍにすればよいでしょうか。**ノート**の表にある，きょりと高さの中から選び，答えとその理由を，言葉と数字を使って説明しましょう。

(4)　運動会の最後は，１年生から６年生までの児童が，各学年２名ずつ１２名で１つのチームを作って，リレーを行います。次の**会話文**は，リレー選手の招集を担当《たんとう》する６年生の直美《なおみ》さんたちが，話し合っている様子の一部です。

会話文

直　美：わたしたちの仕事は，集合場所に来たリレー選手のかくにんだよね。

ひなの：去年の運動会で，集合場所に来なかった１年生を，招集係の６年生がさがしに行って，大変だったみたいだよ。

健《けん》　太《た》：今年はだいじょうぶかな。

祐《ゆう》　二《じ》：競技の前に，集合をよびかける放送があるから，だいじょうぶだと思うよ。

ひなの：でも，リレーの集合場所は，入場門と退場門の２か所あるから，まちがえてしまう子がいるかもしれないよね。

健　太：学年全員でやる種目なら，周りのみんなといっしょに移動すればよいけれど，リレーの時は選手だけが移動するから，まちがえてしまうかもしれないね。

ひなの：それに，放送だけだと聞こえないことがあるかもしれないし，係として，どのようなことをすればいいかな。

直　美：それなら，［　　　　　　　　　　　　　　　　　　］

（　－　話し合いは続きます　－　）

会話文の中で，ひなのさんは「係として，どのようなことをすればいいかな」と言っています。直美さんになったつもりで，１年生が正しい集合場所に来ることができるように，係としてできることを，**会話文**の［　　］に当てはまるように書きましょう。

(5)　運動会が終わり，正人さんたち６年生は，２年生からお礼の手紙をもらいました。正人さんは，２年生の公太《こうた》さんが書いた**手紙**を受け取りました。

手紙

おにいさん　おねえさんへ

ぼくは，ときょう走で４ばんになってくやしかったです。ぼくたちの出ばんのときに，どうぐのじゅんびをしてくれて，ありがとうございました。かかりのしごとをするおにいさんやおねえさんは，かっこいいなと思いました。うんどう会はたのしかったので，またやりたいです。

２年 石山 公太

２年生の公太さんにわたす手紙として，どのような返事を書いたらよいでしょうか。正人さんになったつもりで，１００字以上１２０字以内で，返事を書きましょう。

令和５年度

群馬県立中央中等教育学校入学者選抜

適　性　検　査　Ⅱ

（45分）

注　意　事　項《こう》

1　「始めなさい。」の指示があるまで，問題用紙を開いてはいけません。
2　問題は，１ページから６ページまであります。解答用紙は，１枚《まい》あります。
3　解答は，すべて，解答用紙の決められた場所に書きなさい。
4　「やめなさい。」の指示があったら，すぐに筆記用具を置き，問題用紙と解答用紙の両方を机《つくえ》の上に置きなさい。

【問題Ⅰ】　次の文章を読み、あとの問いに答えなさい。

二〇年後の家は、どんな風になったらうれしいですか？　実際に考えて書き出してみましょう。一緒《いっしょ》に住んでいる人の意見も聞いてみましょう。いろいろな意見が出てきそうですね。朝起きるところから始めてみましょうか。

・朝、目覚ましがわりにカーテンが開く
・今日のスケジュールを教えてくれる
・体調に合わせた朝食メニューを提案してくれる
・使った食器やテーブルをきれいにしてくれる
・シーツや枕《まくら》カバー、タオルなどの洗濯《せんたく》時期を教えてくれる
・部屋を掃除《そうじ》してくれる
・留守中、泥棒《どろぼう》が入らないように見張ってくれる
・玄関《げんかん》に誰《だれ》か来たときに、その人が誰かを教えてくれる
・帰宅《きたく》時間に合わせ、お風呂《ふろ》を準備してくれる
・夕食のメニューを提案したり、買い物リストを知らせてくれる
・家の中を一年中、快適な温度、湿度《しつど》に保ってくれる
・お腹《なか》が空《す》いたなと思ったら、好きな料理を作ってくれる
・好きな映画《えいが》、興味ありそうな動画や音楽、ニュースを予想して、提案してくれる
・本を読みあげてくれる
・宿題を一緒に考えてくれる
・ゲームするのを、そろそろ終わりにした方が良いと言ってくれる
・寝《ね》るモードに移行するために、部屋の明かりを徐々《じょじょ》に暗くしてくれる

たくさん出ましたね。既《すで》に、実現しているものもありそうです。

《中略》

さてここからさらに進めて、スマートホームを実現するには、どんな技術が必要かを考えてみましょう。そのなかでも三つの技術に注目して、見ていきます。

一番めは、センサ（sensor）です。センサは日本語では感知器、検出器といいます。sense は感覚や気持ち、意識を意味し、sensor は「sense するもの」というところから来ています。検知するのは、温度や音量、明るさ、動き、圧力などです。センサはそれらを検出、測定、記録する装置《そうち》です。脈拍《みゃくはく》や血糖《けっとう》など、身体に関わるデータもあります。味覚センサは、味物質特有の情報から、甘《あま》味、塩味、酸味、うま味、苦味の基本五味のほか、渋《しぶ》味、辛《から》味など計測します。これらセンサは様々なものに埋《う》め込《こ》まれ、先ほど出てきたIoTの技術と組み合わさり、大量のデータを得ていくことが可能になります。この計測する技術を「スマートセンシング」といいます。

これに対し、離《はな》れた場所にあるものを遠隔《えんかく》で操作《そうさ》したり、計測したりすることを「リモートセンシング」といいます。リモート（remote）は遠隔という意味です。防災や宇宙《うちゅう》開発など、人間が実際に行きに

くい場所で活用されています。「スマートセンシング」と「リモートセンシング」を合わせてセンシング技術といいます。あなたが知っているセンサにはどんなものがありますか？（1）どんなセンサがあれば、より快適で安全なホームが実現できるでしょうか？

二番めの技術は、画像認識《にんしき》技術です。画像の特徴《とくちょう》をつかみ、人、物、場所などを識別する技術です。ＡＩの分野では現在最も研究開発が進んでいるものといえるでしょう。大量の動物の画像を読み込ませ、システムに学習させることで、そこに写っているものが「猫《ねこ》」か「犬」かを判断したりできるようになります。

《中略》

言葉を話し始めたばかりの赤ちゃんは、大人から犬や猫という概《がい》念《ねん》（ある対象を表す言葉）を「わんわん」「にゃんにゃん」として教わります。すると赤ちゃんは、教わったときと異《こと》なる場面、異なる犬や猫についても「わんわん」「にゃんにゃん」として認識できるから不思議です。初めて出会った犬に対しても、それを猫と間違《まちが》えることはありません。逆もまたしかり。不思議ですね。それに対しＡＩは、大量の犬と猫の写真データを読み込ませていき、徐々にその特徴を、違いを学んでいきます。

三番めは音声認識技術です。人の音声に関する技術で、スマートフォンや家庭電化製品（家電）などの機器に話しかけて、検索《けんさく》など、何か動作をさせるときに使われたり、画像認識と同様に、本人を識別するときにも使われます。人の話している言葉をデジタルデータに変換《へんかん》し、これまでに持っているデータと比較《ひかく》して、文字、文章を特定し、音声入力として、スマートフォンなどに命令できるようになります。コンピュータのキーボードを使わずに声で入力できるようになることから、テレビのチャンネルの切り替《か》え、車の自動運転など、利用範囲《はんい》は広がります。

既に売り出されているスマートスピーカーでは、インターネットとつながっている家電を音声でコントロールできるようになっています。今後、その範囲はもっと広がっていくことでしょう。現時点では、部屋の照明の明るさをコントロールしたり、エアコンの設定をしたり、お風呂を沸《わ》かしたりするだけです。電子レンジやオーブンなどの調理家電や自動車、家の防犯装置までコントロールできるようになる日はもうすぐそこまで来ています。

センシング、画像認識、音声認識の技術を基にして、スマートホームは開発されています。現在その研究開発は日本では、住宅《じゅうたく》メーカーのほか、関連技術を持っている通信会社、家電や設備機器メーカー、太陽光発電、セキュリティ会社などによって行われています。これらはみなさんが考える未来の家、理想の家に近いでしょうか。（2）何か違和感《いわかん》はないでしょうか。あるとしたらそれはどんなことでしょうか。

（美馬《みま》のゆり『ＡＩの時代を生きる』岩波ジュニア新書より）

【注】スマートホーム…家庭内の電化製品などをネットワークで
つないで管理し、これらを活用して快適なライフ
スタイルを実現する住まい。
ＩｏＴ…家電などをインターネットと接続する技術。
識別…事物の種類・性質などを見分けること。
ＡＩ…人工知能。

問一　傍線部《ぼうせんぶ》（１）「どんなセンサがあれば、より快適で安全なホームが実現できるでしょうか？」と筆者は述べていますが、あなたはどのようなセンサがあったらよいと考えますか。センサの例と、そのセンサを考えた理由を説明してください。

問二　傍線部（２）「何か違和感はないでしょうか。あるとしたらそれはどんなことでしょうか。」と筆者は述べていますが、あなたはどのような違和感があると考えますか。本文を踏《ふ》まえて、あなたの考えをくわしく説明してください。

【問題Ⅱ】

問一　（一字あけずに書きましょう。また、段《だん》落での改行はしないで、続けて書きましょう。）

問二　（一字あけずに書きましょう。また、段落での改行はしないで、続けて書きましょう。）

問三

受検生用 1

パーソナルプレゼンテーション（PP）について

1　事前課題

苦手なことに取り組むときに工夫したこと

2　当日までの準備

(1)　事前課題について，体験をもとに自分の考えをまとめてください。

(2)　自分の考えを伝えるための**言葉（4 文字以内）または絵のいずれか一方**を発表用紙にかいてください。

(3)　作成した発表用紙を，出願手続時に配付された 受検生用 封筒に入れ，選抜検査当日に持ってきてください。

3　当日の PP

(1)　当日課題準備室への入室　：当日課題の発表用紙の作成に必要なものを持って入室します。

(2)　当日課題の発表用紙の作成：文章を読み，発表内容を当日課題の発表用紙に 20 分間でまとめます。

(3)　検査室への入室　：当日課題の発表用紙と事前課題の発表用紙を持って入室します。

(4)　当日課題の発表　：当日課題について，自分の考えを発表します。

(5)　事前課題の発表　：事前課題について，自分の考えを発表します。

(6)　検査室からの退室　：当日課題の発表用紙と事前課題の発表用紙を置いて退室します。

4　注意事項

(1)　事前課題の発表用紙について

①　コンピュータやカメラなどを使用して作成したものは使えません。

②　A3 判の大きさであれば，配られたものと違《ちが》う紙を使ってもかまいません。その際には，受検番号と名前を裏《うら》に記入してください。

(2)　発表方法

①　当日課題，事前課題ともに，発表用紙を黒板に貼り，立って発表します。

②　当日課題，事前課題ともに，発表時間は 2 分以内です。

③　発表用紙以外のものは使用できません。

あります。でも、その大切な問いは※5スルーされてしまう。

もうひとつの落とし穴は、目標に到達《とうたつ》することだけを考えた場合、その過程でどのように動くかとか、どんな手段を使って目標を達成するのかなどが問われなくなる点です。できれば最小限の努力やコストで、最短の時間で目標を達成したい。そうなると、その過程に起きるすべてが余計なことになります。

インゴルドの言葉を借りれば、それは出発前からすでに決まった経路をたどるだけの旅のようなものです。旅のおもしろさは、予定どおり目的地にたどりつくことより、その過程でどんなおもしろい出来事と出会えるかにかかっているのに、直線の旅は、その※6プロセスを全部、余計なものにしてしまう。

それに対して、フリーハンドの曲線はどうでしょうか？　インゴルドは、それを徒歩旅行にたとえています。歩いている人は、進むにつれて変化し続ける※7眺望《ちょうぼう》や、それと連動して動いていく道の行き先に注意を払《はら》う。その途中で起きることをちゃんと観察しながら進んでいる。だから偶然《ぐうぜん》の出来事に出会っても、それを楽しむ余裕《よゆう》がある。

その道すがらに出会う予想外の出来事は、とりあえず時刻表どおりに電車に乗って、計画どおりの日程をこなすことばかり考えている人にとって、旅の邪魔《じゃま》だと感じられるでしょう。しかしインゴルドは、フリーハンドの線にこそ、人は生き生きとした生命の動きを感じられるはずだと言います。

（松村圭一郎著『はみだしの人類学　ともに生きる方法』を一部改変）

※1　インゴルド……ティム・インゴルド，イギリスの社会人類学者。
※2　陥る……良くない状態に入りこむこと。
※3　成し遂げる……最後まで仕上げること。
※4　ブレークスルー……困難や障害を乗り越えること。
※5　スルー……そのまま何もしないでいること。
※6　プロセス……過程。経路。
※7　眺望……ながめ。見晴らし。

【課題１】

この２コマまんがを通して、作者はどんなことを読者に伝えたいのでしょうか。あなたの考えを二百字以内で書きましょう。

【課題２】

この２コマまんがを通して、あなたが考えたことを、あとの〔条件〕にしたがって四百字以内で書きましょう。

〔条件〕

・【課題１】の内容をふまえること。
・あなたの経験や見聞きしたことをふまえること。

令和五年度　太田市立太田中学校入学者選抜

作文　解答用紙

受検番号
氏　名

【課題1】

（二十字×十行）

（評価基準非公表）

200字　10行　5行

【課題２】

（二十字×二十行）

5行

１０行

１５行

２０行

４００字

【問題】

次の2コマまんがを読んで、【課題1】、【課題2】について答えましょう。

《注意》解答用紙には、題名を書かずに文章から書き始めること。

余白はメモなど自由に使ってかまいません。

1

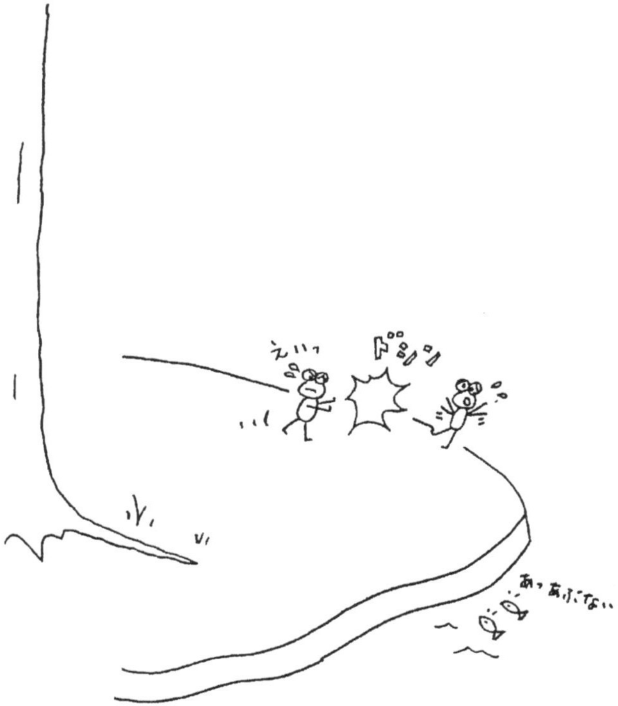

2

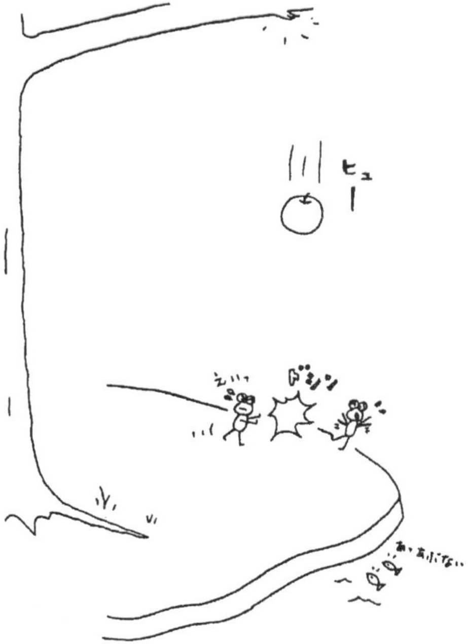

出典　佐藤雅彦「プチ哲学」（中公文庫、二〇〇四）

令和五年度

太田市立太田中学校入学者選抜

作文

（45分）

受検番号
氏　　名

注意事項

- 「始めなさい。」の指示があるまで、問題用紙を開いてはいけません。
- 問題用紙と解答用紙は、それぞれ一枚ずつです。
- 作文は解答用紙に書きましょう。
- 「やめなさい。」の指示があったら、すぐに筆記用具を置き、問題用紙と解答用紙の両方を机の上に置きましょう。

パーソナルプレゼンテーション（ＰＰ）当日課題（文章を読み、発表用紙を20分で準備する）

【問題】次の文章を読み、①他の人にも分かるような文章の内容のまとめと、②その内容をふまえた自分の考えを書き、２分以内で発表しなさい。（ただし、文中の※１～７までの語には、後に説明があります。）

どうすれば「わたし」や「わたしたち」がともによりよく生きることができるのか。そんな問いをこの本では考えてきました。最後に、もう一度この問いに立ち返っておこうと思います。

※１インゴルドは、「線」には、あらかじめ決まった始点と終点とを定規で結ぶような直線と、どこに行くか定まっていないフリーハンドの曲線との二種類がある、と言っています。（図）

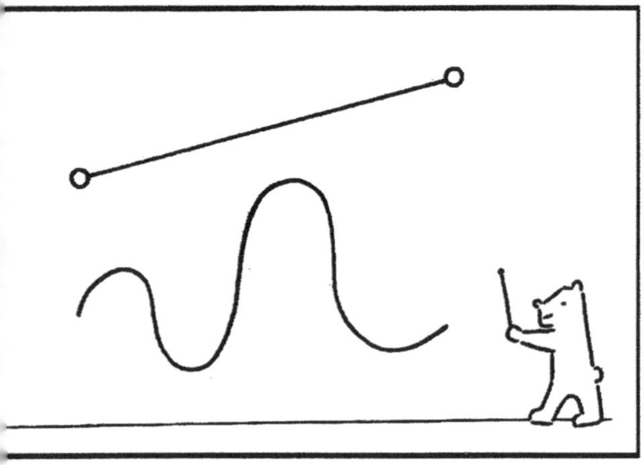

最初の直線は、目的を決めて、それに向かってまっすぐ進むような生き方に重なります。おそらく結果を重視する受験勉強やビジネスの世界などにあてはまるでしょう。試験に受からないと意味がない。ものが売れなければ仕方がない。受かるためには、売れるためにはどうしたらいいか。何があっても、その目標を効率的に達成したい。日々、そういう思いで生きている人は少なくないと思います。でもインゴルドに言わせれば、そこには落とし穴がある。

まず定められた目標以外のことを考えなくなる。ある種の思考停止に※２陥《おちい》る危険性があります。何かを※３成し遂《と》げるにはどうしたらいいか、という問いの立て方からは、なぜ私たちはそうしようとしているのか、というそもそもの問いが排除されています。でも、たとえ大学に合格できても、大学で何を学ぶのか、大学に行ったうえでどう生きていくのか、という大きな問いは残されたままです。

受検生用 2

パーソナルプレゼンテーション事前課題発表用紙

受検番号	

名　　前	

※　自分の考えを伝えるための言葉（4文字以内）または絵のいずれか一方を，

この裏《うら》の □ の中にかいてください。

適性検査Ⅱ
解答用紙

（令和五年度）

受検番号
氏名

（配点非公表）

【問題Ⅰ】

問一

問二

次のページから【問題Ⅱ】があります。

【問題Ⅱ】 次の文章を読み、あとの問いに答えなさい。

「日本の英語教育はダメだ」と言っているのはどういう人か。その多くは世界で活躍《かつやく》している官僚《かんりょう》や企業《きぎょう》経営者たちです。彼《かれ》らが海外へ行くと、自分が全然英語が話せなくて愕然《がくぜん》としたという経験をすることになります。そこで「日本の英語教育はどうなっているんだ」と文句を言うので、小さい頃《ころ》から英語学習をやるべきだ、もっと英語教育に力を入れるべきだという風潮《ふうちょう》が高まってきました。

海外に行くと国際会議がありますね。会議が終わり夜になると必ず立食パーティーが開かれます。出席する人たちはみんな英語で会話しますが、そこでは昼間の仕事の話はしないというのが暗黙《あんもく》のルールです。そういう無粋《ぶすい》なことはしてはいけないとされています。仕事とはまったく関係のない、出席者個人の趣味《しゅみ》や関心のあることについて自由に語り合う。それが夜の立食パーティーです。

そのときに、多くの日本人は"How do you do? Nice to meet you."と言った後、その後が出てきません。言葉に詰《つ》まってしまいます。そんな経験をして「ああ、日本であれだけ英語教育を受けてきたのに、いざとなると話せない。日本の英語教育が問題だ」と怒《おこ》り出す人がいますが、これは大きな勘違《かんちが》いです。

彼らは海外の国際会議に出るくらいですから、英語はそれなりにできます。それなのに夜の立食パーティーで話ができないのは、英語で話すべき内容を持っていないところに問題があります。話すべき内容がないので、外国人と会話を楽しむことができません。すでにお話ししたように、アメリカの大学は4年間、徹底的《てっていてき》にリベラルアーツを教えています。アメリカのエリートたちは大学時代に深い教養を身につけているので、夜の立食パーティーでは、みんな絵画やオペラ、シェークスピアなどの文学について滔々《とうとう》と語り合っています。海外ではごく普通《ふつう》に見られる光景です。

ところが、ひたすら受験勉強に明《あ》け暮《く》れてきた日本のエリートたちは、教養なんて大学受験に関係ない、受験に関係ないことはしないという態度が染《し》みついています。大学に入ってからも、教養科目は単位だけ取れればいいと考える学生が多く、教養らしい教養を身につけて社会に出る人は少ないのが現状です。これでは海外のエリートたちと交流しても、まともな会話はできません。英語ができないのではなくて、英語で話すべき内容を持っていない。その方がよほど大きな問題です。

必要に迫《せま》られれば、いくらでも英語は話せるようになります。私《わたし》も決して英語がうまいとは言えませんが、海外に行くと、とにかく取材をしなければいけないので必要に迫られて英語を使います。そんなとき、質問すべき内容や話すべき内容があれば、会話は成立するものです。

あなたもグローバルな世界で活躍しようと思えば、英語は必須《ひっす》です。しかしそれ以上に大事なことは、英語で語るべきものを持っているかどうかです。ここで決定的な違いが出るということを知っておいてください。リベラルアーツを学ぶ意義はそういうところにもあるのです。

（池上彰《あきら》『なんのために学ぶのか』より）

【注】官僚…国の行政を担《たん》当する人たち。

愕然…ひどく驚《おどろ》く様子。

風潮…その時代やその社会に見られるものの考え方。

暗黙…分かっていることであるが、わざわざ口に出しては言わないこと。

無粋…人間関係や心理が分からない様子。その場に合わない様子。

滔々と…次から次へと止まることなく。

必須…どんな状況《じょうきょう》の中でもそれだけは欠かせないこと。

問一　傍線部「ここで決定的な違いが出る」とありますが、これはどういうことでしょうか。本文を踏まえて、三十字以上五十字以内で説明してください。

問二　「リベラルアーツ」とはどのようなものでしょうか。本文を踏まえて、二十字以上三十五字以内で説明してください。

問三　本文を読んで、これからあなたはどのように学んでいきたいと考えますか。これまでのあなたの学びを振り返った上で、本文にふれながら具体的に書いてください。

令和４年度

群馬県立中央中等教育学校入学者選抜
伊勢崎市立四ツ葉学園中等教育学校入学者選抜
太田市立太田中学校入学者選抜

適　性　検　査　I

(45分)

注　意　事　項《こう》

1　「始めなさい。」の指示があるまで，問題用紙を開いてはいけません。
2　問題は，１ページから９ページまであります。解答用紙は，２枚《まい》あります。
3　解答は，すべて，解答用紙の決められた場所に書きなさい。
4　「やめなさい。」の指示があったら，すぐに筆記用具を置き，問題用紙と解答用紙の両方を机《つくえ》の上に置きなさい。

令和4年度

群馬県立中央中等教育学校入学者選抜
伊勢崎市立四ツ葉学園中等教育学校入学者選抜
太田市立太田中学校入学者選抜

適性検査I

【問題１】

次の文章を読んで，(1)から(5)の問いに答えましょう。**答えは，解答用紙（２枚中の１）に記入しましょう。**

つつじ小学校に通う結《ゆ》衣《い》さんの学級では，総合的な学習の時間に，「安全な学校生活を送ろう」をテーマとした学習を行っています。１学期は，住んでいる地区別に班《はん》を作り，通学路の交通安全について調べ，地図にまとめます。次の会話文は，結衣さんたちが，調べる場所や内容について，班で話し合っている様子の一部です。

会話文

結　衣：わたしたちの通学路で，特に注意が必要な場所はどこかな。

健《けん》　人《と》：自動車が多い道路は，注意が必要だと思うよ。

千《ち》　秋《あき》：道はばが広く，車線がたくさんある大きな道路は，自動車が多いよね。見通しがよくて，歩道や信号があるところが多いけれど，交差点で横断歩道をわたるときは，曲がってくる自動車に注意しているよ。信号が青だからといって安心しないで，左右をよく見てわたるようにしているよ。

結　衣：それなら，学校の近くの「つつじ小東交差点」を調べることにしようよ。

勇《ゆう》　貴《き》：道はばのせまい細い道路は，調べなくていいかな。

あやこ：わたしは，細い道路も調べた方がいいと思うよ。細い道路は大きな道路と比べると，［　　　　　　　　　　　　　　　　］

海《かい》　人《と》：それに，細い道路でもスピードを出して走っている自動車がいるから，注意が必要だよね。

千　秋：わたしたちが通る細い道路というと，タナカ花店の西側の道路だね。そこも調べてみようよ。

結　衣：それぞれの場所で，どんなことを調べたらいいのかな。

健　人：道はばや信号，標識などを調べるといいと思うよ。

千　秋：そうだね。自動車がどのくらい走っているか，交通量も調べてみようよ。

あやこ：うん。それに，地区の人にインタビューをして，道路の様子を聞いてみたいな。

勇　貴：いいね。インタビューができるように，先生に相談してみようよ。

海　人：調査に行ったとき，写真や動画をとっていいか，先生に聞いておきたいね。

（　－　話し合いは続きます　－　）

(1)　あやこさんは，「細い道路も調べた方がいいと思うよ」と言っています。あやこさんになったつもりで，細い道路を調べる理由を，**会話文**の［　　］に当てはまるように書きましょう。

結衣さんたちは，つつじ小学校近くの「つつじ小東交差点」について調べています。この交差点の，登下校の時間帯の交通量について調べていたところ，地域《ちいき》の方々が交通量調査をしたときの，調査結果の資料を見つけました。次の表は，その資料の一部で，下の図はつつじ小学校周辺の地図です。

表　ある平日における，「つつじ小東交差点」に北から来る自動車と南から来る自動車の通行台数

時間帯＼自動車の走る方角	北から西へ	北から南へ	北から東へ	南から西へ	南から北へ	南から東へ	合計台数(台)
朝　：７時３０分～８時３０分	46	168	47	15	176	59	511
夕方：３時３０分～４時３０分	32	84	34	29	97	45	321

図　つつじ小学校周辺の地図

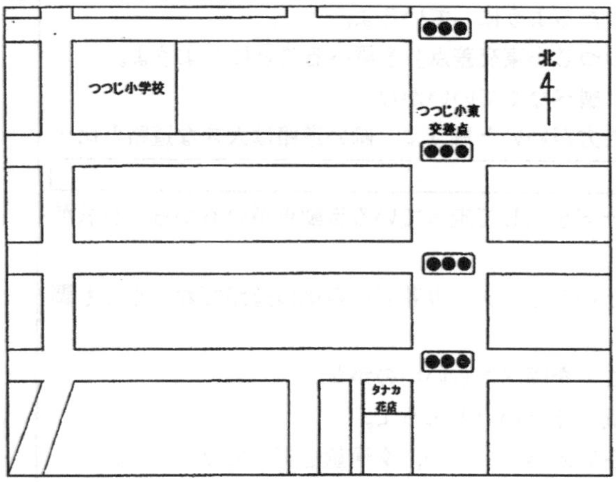

結衣さんたちは，表の「つつじ小東交差点」の自動車の通行台数について，朝と夕方の通行台数を比べ，次のようにノートにまとめました。

ノート

・「つつじ小東交差点」に，北から来る自動車と南から来る自動車の合計台数を，朝と夕方で比べると，１９０台の差があり，朝の方が多い。
・「つつじ小東交差点」をつつじ小学校の方へ曲がる自動車の台数を，朝と夕方で比べると，［　　　　］

(2)　表からわかる内容を，ノートの［　　　］に当てはまるように，数と言葉を使って書きましょう。

結衣さんたちは，道路の様子について，地区の人に話を聞きたいと考えました。先生に相談したところ，タナカ花店の田中《たなか》さんが，インタビューを受けてくれることになり，先生といっしょにつつじ小学校からタナカ花店まで歩いて行くことになりました。インタビューは１１時に開始する予定で，結衣さんたちは，インタビュー開始の５分前にはタナカ花店に着くようにします。次のノートは，インタビュー当日の出発時刻《じこく》を決めるために必要な情報をまとめたものです。

ノート

- つつじ小学校からタナカ花店への道のりは１．３km ある。
- 結衣さんたちは，５００ｍ歩くのに８分かかる。
- つつじ小学校からタナカ花店までの道のりには，交差点が３か所あり，それぞれに信号機が設置されている。
- 赤信号で横断できない場合は，１か所あたり最大で８４秒待つ。

(3)　結衣さんたちは，つつじ小学校を遅《おそ》くとも何時何分までに出発しなければならないでしょうか。時刻を書きましょう。

(4)　次の**会話文**は，結衣さんたちがタナカ花店でインタビューをしているときの様子の一部です。

会話文

結　　衣：こんにちは。わたしたちは，つつじ小学校の６年生です。

［　　　　　　　　　　　　ア　　　　　　　　　　　　］

田中さん：よろしくお願いします。

あ や こ：それでは，質問します。タナカ花店さんの東側にある，大きな道路の様子について教えてください。

田中さん：その道路は，交通量がとても多いです。いつもたくさんの自動車が走っていますが，みなさんが登校する朝と下校する夕方では，交通の様子は少し変わります。朝は夕方よりも，自動車の交通量が多く，スピードを出している自動車が多いと感じます。夕方は，５時を過ぎると近くにあるスーパーマーケットへ買い物に来る人で，道路が混雑しはじめます。

千　　秋：時間帯によって，交通の様子が変わるのですね。

勇　　貴：ほかにも［　イ　］や［　ウ　］によって，交通の様子が変わりますか。

田中さん：そうですね。変わります。

健　　人：次に，タナカ花店さんの西側にある，細い道路について教えてください。

（　―　インタビューは続きます　―　）

①　結衣さんは，田中さんに気持ちよくインタビューに答えてもらえるよう，最初にあいさつを行います。結衣さんになったつもりで，**会話文**の［　ア　］に当てはまるように，インタビューの目的にふれながら，１００字以上１２０字以内であいさつを書きましょう。

②　勇貴さんになったつもりで，**会話文**の［　イ　］，［　ウ　］に当てはまる言葉を書きましょう。

（120字）

②イ

ウ

(5)

（1字あけずに，「→」から横に書きましょう。また，段落《だんらく》での改行はしないで続けて書きましょう。句読点も一字に数えます。）

→

（60字）

（80字）

(3)　【必要なカードのまい数】

まい

【カードの大きさ】

たて　　cm　横　　cm

【理由】

(4)

【反省点１】

【反省点２】

適性検査Ⅰ　解答用紙（２枚中の２）	（令和４年度）	受検番号		氏名	

【問題２】

(1)

①ア

②イ

(2)

（１字あけずに，「→」から横に書きましょう。また，段落《だんらく》での改行はしないで続けて書きましょう。句読点も一字に数えます。）

適性検査Ⅰ　解答用紙（２枚中の１）

（令和４年度）

受検番号		氏名	

（配点非公表）

【問題１】

(1)

(2)

(3)

遅くとも［　　］時［　　］分までに出発しなければならない。

(4)

①ア

（１字あけずに，「→」から横に書きましょう。また，段落《だんらく》での改行はしないで続けて書きましょう。句読点も一字に数えます。）

→

結衣さんたちは，調べたことを地図にまとめようとしています。次の**会話文**は，結衣さんたちが，地図作りについて話し合っている様子の一部です。

会話文

結　衣：これまで調べてきたことを，地図にまとめよう。
あやこ：どんな地図にしたらいいかな。
千　秋：わたしたちが作った地図を見て，学校のみんなが安全に登下校ができるようになるといいね。
結　衣：通学路で注意が必要な場所や内容が，みんなにうまく伝わるようにしたいな。
健　人：文字ばかりだと，読むのに時間がかかるし，１年生や２年生にはわかりづらいと思うよ。
海　人：そうだね。どの学年の子が見ても，一目でわかるような地図にしようよ。
勇　貴：□
結　衣：それなら，誰が見てもわかりやすいし，わたしたちの調べたことをきちんと伝えられるね。

（　－　話し合いは続きます　－　）

(5)　海人さんは，「どの学年の子が見ても，一目でわかるような地図にしようよ」と言っています。どの学年の子が見ても，一目でわかるような地図にするために，どのような工《く》夫《ふう》が考えられますか。勇貴さんになったつもりで，**会話文**の□に当てはまるように，６０字以上８０字以内で書きましょう。

【問題２】

次の文章を読んで，(1)から(4)の問いに答えましょう。**答えは，解答用紙（２枚中の２）に記入しましょう。**

(1)　６年生の裕太《ゆうた》さんは，集会委員会の委員長として活動しています。裕太さんの小学校では，「１年生をみんなで温かくむかえる」，「１年生に学校のことを知ってもらう」をめあてとして，「１年生かんげい会」を行っています。次の**会話文**は，裕太さんたち集会委員が，「１年生かんげい会」について，次のページの**資料１**，**資料２**，**資料３**を見ながら，話し合っている様子の一部です。

会話文

先　生：「１年生かんげい会」の内容について，昨年度のアンケート結果を参考に話し合ってほしいと思います。会のめあても達成できるようにしてくださいね。

陽《よう》　子《こ》：**資料２**のグラフを見ると，「楽しめた」，「少し楽しめた」と答えた人がとても多いです。だから，**資料１**のとおり，昨年度のプログラムと同じでよいと思います。

真《ま》　弓《ゆみ》：たしかにそうですが，**資料２**のグラフをよく見ると[ア]という課題もあると思います。

裕　太：その課題を解決するためには，プログラムの内容や，進め方を工夫する必要がありますね。プログラムの内容について意見のある人はいますか。

弘《ひろ》　樹《き》：学校しょうかいは，げきでするのがよいと思います。ただ説明するよりも，楽しんで見てもらえると思うからです。

さやか：学校しょうかいは，げきだけでなく，○×クイズもするとよいと思います。そう考える理由は，[イ]です。

真　弓：よいアイデアだと思います。賛成です。

裕　太：では，今年度は，学校しょうかいをげきと○×クイズの２つで行いましょう。ほかに何か意見のある人はいますか。

さやか：**資料３**を見ると，「あまり楽しめなかった」，「楽しめなかった」の回答の理由として「どんな行事かわからなくて不安だったから」とあります。「１年生かんげい会」の内容を，前もって１年生に知らせてはどうでしょうか。

（　－　話し合いは続きます　－　）

①　**資料２**のグラフから読み取れる，昨年度の「１年生かんげい会」の課題はどのようなことでしょうか。真弓さんになったつもりで，**会話文**の[ア]に当てはまるように書きましょう。

②　さやかさんは，「学校しょうかいは，げきだけでなく，○×クイズもするとよいと思います」と言っています。このように考える理由を，会のめあてと**資料３**のアンケート結果をもとに，さやかさんになったつもりで，**会話文**の[イ]に当てはまるように書きましょう。

資料１　昨年度の「１年生かんげい会」のプログラム

１　１年生入場	５　学校しょうかい
２　校長先生のあいさつ	６　メッセージカードのプレゼント
３　集会委員長のあいさつ	７　１年生からお礼のことば
４　かんげいの歌	８　１年生退場

資料２　昨年度のアンケート結果【質問１】

質問１：「１年生かんげい会」は楽しめましたか。当てはまるものを１つ選んでください。

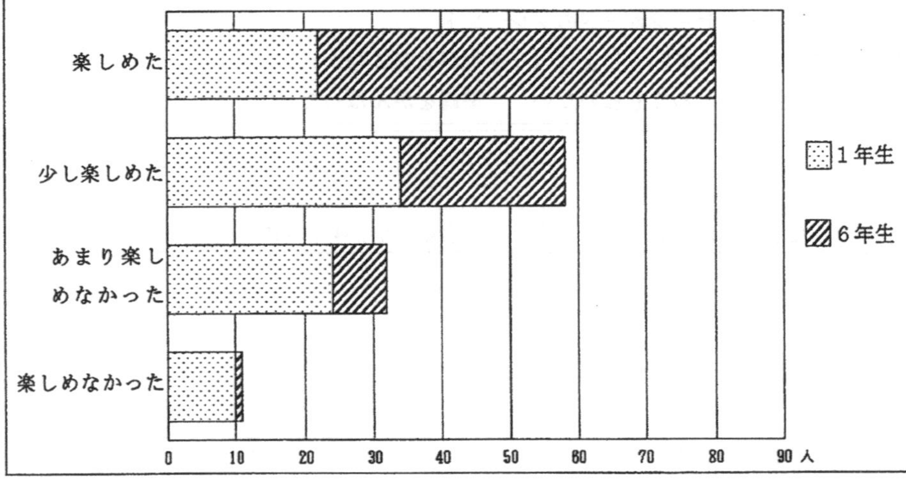

対象：１年生（９０人），６年生（９１人）。１年生の回答は，先生が１年生に聞いてまとめた。

資料３　昨年度のアンケート結果【質問２】

質問２：質問１の回答の理由を教えてください。

	１年生	６年生
「楽しめた」「少し楽しめた」と答えた理由	・歌が上手だったから。 ・メッセージカードをもらえてうれしかったから。 ・上級生にいろいろ教えてもらえたから。	・１年生と入場できてよかったから。 ・みんなで協力して１年生をかんげいできたから。 ・１年生が喜んでいたから。
「あまり楽しめなかった」「楽しめなかった」と答えた理由	・ずっとすわって聞いているのがたいくつだったから。 ・どんな行事かわからなくて不安だったから。 ・みんなの前にならぶのがはずかしかったから。	・伝えたいことがたくさんあってメッセージカードに何を書くか，なかなか決められなかったから。 ・会の進行が大変だったから。

対象：１年生（９０人），６年生（９１人）。１年生の回答は，先生が１年生に聞いてまとめた。

裕太さんたち集会委員は，１年生に安心して参加してもらえるように，当日の朝，１年生の教室に行き，前もって「１年生かんげい会」について説明することにしました。１年生に伝えることについて，次の**メモ**をもとに，下の**説明げんこう**を書きます。

メモ

「１年生かんげい会」 日時　４月２３日（金）３時間目 場所　体育館 内容　学校しょうかい（げき，〇×クイズ） 　　　１年生へメッセージカードのプレゼント 入場　６年生と１年生がいっしょに（６年生が教室にむかえにいく） その他　１年生に楽しんでもらいたい　　準備をがんばった

説明げんこう

１年生のみなさん，おはようございます。集会委員会から，お知らせがあります。 □ 説明はこれでおわりです。

(2)　**メモ**に書かれたことをすべて伝えるために，あなたなら，どのような**説明げんこう**を書きますか。**説明げんこう**の□に当てはまるように，１４０字以上１６０字以内で書きましょう。

１年生へのプレゼントとして，メッセージカードを書きます。２年生から５年生のメッセージカードは，１年生の教室の前にまとめて掲示《けいじ》し，６年生のメッセージカードは，「１年生かんげい会」の最後に，１年生に手わたしします。メッセージを書くためのカードは，先生が用意してくれた画用紙を，集会委員が１人分の大きさに切り分けて準備します。次の**表**は，全校児童の人数を表しており，下の**資料**は，画用紙からカードを切り分けるときに気をつけることが書かれています。

表　全校児童の人数

学年	１年生	２年生	３年生	４年生	５年生	６年生
人数（人）	８９	９０	９１	８９	８６	８５

資料　画用紙からカードを切り分けるときに気をつけること

- １年生１人につき，６年生が作ったメッセージカードが，１まいずつわたるようにする。
- ６年生の中で，数人の児童は１人２まいのメッセージカードを書く。
- ２年生から５年生は，１人１まいのメッセージカードを書く。
- 先生が用意した画用紙は，全部で５０まいである。
- 画用紙１まいの大きさは，たて３９ cm，横５４ cm である。
- カードの形は長方形か正方形で，すべて同じ形，同じ大きさになるよう切り分ける。
- カードのたてと横の長さはそれぞれ１０ cm 以上とし，できるだけ大きなカードを作る。

(3)　必要なカードのまい数と，切り分けるカードの大きさ（たてと横の長さ）を書きましょう。また，そのように考えた理由を，数と言葉を使って書きましょう。切り分けるカードが長方形になる場合は，どちらの長さをたてとしてもかまいません。

「１年生かんげい会」が無事に終わり，裕太さんたち集会委員でふり返りをしたところ，次の２つの**反省点**が出されました。

反省点

反省点１　終わりの時間が少しのびてしまった。

反省点２　○×クイズのとき，みんなの喜ぶ声で，司会の人の声が聞こえなくなってしまうことがあった。

(4)　２つの**反省点**について，裕太さんたちは来年度の「１年生かんげい会」がさらにうまくいくよう，来年度の集会委員会に向けて，具体的なアドバイスを書いて残しておくことにしました。あなたなら，２つの**反省点**について，それぞれどのようなアドバイスをしますか。具体的なアドバイスをそれぞれ書きましょう。

令和４年度

群馬県立中央中等教育学校入学者選抜

適 性 検 査 Ⅱ

（45分）

注 意 事 項《こう》

1　「始めなさい。」の指示があるまで，問題用紙を開いてはいけません。
2　問題は，１ページから６ページまであります。解答用紙は，１枚《まい》あります。
3　解答は，すべて，解答用紙の決められた場所に書きなさい。
4　「やめなさい。」の指示があったら，すぐに筆記用具を置き，問題用紙と解答用紙の両方を机《つくえ》の上に置きなさい。

問題　次の文章A、文章Bを読み、問一～四に答えなさい。

文章A

（次の文章はある講演会を記録したもので、生物学者の筆者が自分のこれまでを振《ふ》り返《かえ》りながら、自分の研究を紹介《しょうかい》しています。）

ずる休みして近くの原っぱに行く。東京の町の中にもそのころは原っぱがあって、草木も生えています。

そういうところをずっと見ていると、たまたま小さな芋虫《いもむし》が木の枝をいっしょうけんめい歩いている。つい「おまえ、どこへ行くつもり？」と聞きたくなる。声に出して聞いたこともあります。

もちろん、虫は返事をしてくれませんから見ているほかない。見ていると木のいろいろなところに若葉《わかば》が出ている。それをいきなりパクパク食べはじめます。それで「おまえ、これが欲《ほ》しかったの」とわかる。

何か虫と気持ちが通じあったような気になって、すごくうれしかった。

あとで考えると結局ぼくはずっとそういうことをしてきたんじゃないか。

つまり、動物たちに「おまえ、何をするつもり？」とか「何を探《さが》しているの？」と聞き、向こうは答えませんから①いっしょうけんめい調べて、こうじゃないか、ああじゃないかと考え、また調べる。

それをいろいろな動物について行ってきたということに、どうもなるような気がします。

先ほどいった変な研究というのはそういうことです。中には、ずいぶんおかしなこともやりました。

《中略》

それから、ご存《ぞん》じの方が多いと思いますが、アゲハチョウのサナギは保護色になります。

緑色の小枝にとまったやつはきれいな緑色のサナギになるし、枯《か》れ枝にとまったものは茶色いサナギになる。幼虫《ようちゅう》のときもチョウになったときも互《たが》いにまったく同じなのに、サナギのときだけ色が違《ちが》う。これを不思議に思った人はたくさんいるんですが、ぼくもなぜだろうと思った。

みな思っていたことは、保護色だからサナギは周囲の色を見ているんだろうということです。つまり、緑色のところにとまったやつは、自分のとまっているところが緑色だから、じゃあといって緑色になる。茶色い木の幹にとまったやつは、糸をかけたところが茶色だから茶色のサナギになる。

そこでいろいろな実験をする人もいました。実験には色紙を使うんですが、やってみたデータはわけがわからない。たとえば茶色い紙の上でサナギにならせたものは、六匹《ぴき》が茶色で四匹《ひき》が緑色。それから、緑色の紙でサナギにならせたやつは、六匹が緑色で四匹が茶色になる。

実験した人は、だからサナギの色は周りの色で決まると書いていましたが、そんなことはないだろう、このデータではどっちだって同じことじゃないかと思った。調べていきますと、実にそういう、一見くだらない「なぜ」がいったいどういうことなのか全然わからないんです。

そのうちに、色じゃないということがわかってきました。カラタチの小枝はきれいな緑色で、そこについているサナギは確かに緑色になる。ところが、アゲハチョウというのは、サンショウの葉っぱも食べます。サンショウの枝は緑色の軸《じく》の上に茶色い薄《うす》い皮をかぶっているので、外から見ると茶色いんです。そのサンショウの枝にとまったサナギも緑色になる。とまったところは茶色いんだけれども緑色のサナギができる。

これで色ではないということがはっきりした。

結局わかったのは、生木のカラタチの細い緑色の枝にできたサナギが百パーセント緑色になるということだけ。あとはわからない。

論文《ろんぶん》も早く書かなきゃいかん。しようがないからとにかくカラタチの緑色の枝にとまったやつは百パーセント緑色になりますという、もう考えたら非常にくだらないような論文を書きました。

しかし、実はそれはまったくくだらないことではなかったんです。

蛹化《ようか》を観察していてもわけがわからないので、次にどうして色が出るのかを調べてみようと思いました。

そのころは昆虫《こんちゅう》にもホルモンがあるらしいという話がやっと出てきたころでした。これはもしかしたらそうかもしらんと思ったので、サナギになる前に芋虫を糸で縛《しば》った。今はそういう方法はあまりよくないとされているようですが、そのころは平気でギュッと縛っていました。

すると皮を脱《ぬ》いだら前は茶色、後ろは緑色のサナギになったんです。縛る場所を変えて頭のほうにずらしていくと、いつも頭のほうは茶色、後ろのほうは緑色になる。

それで前のほうからサナギを茶色にするホルモンが出るんだろうというと、そんなことはない、後ろから緑色のホルモンが出るかもしれないじゃないかという人がいる。

確かにそうなんですが、しっぽの先からホルモンが出るというのはあまり考えられない。やっぱり頭から出るんだろうと思って調べていくと、結局そうだとわかってきました。

そこまでは高校時代にやっていた研究でした。

大学に入りまして、福田宗一《そういち》先生という、日本に名だたるホルモンの先生がいましたので、その先生について教わりました。しかしそれ以上さっぱり進まない。

先生は脳《のう》のホルモンを研究していたので「脳がホルモンを出すんだ」という。「脳を取ってみろ」というので取ったらほんとうに緑色のサナギになる。今度は「植えてみろ」というので脳を植える。すると茶色になるかというと、ならないんですね、まったく。

「おまえの技術が下手《へた》だからだ。練習に来い」というので、当時福田先生のいた松本（長野県）まで行っていっしょうけんめい練習しました。でも、いくらやっても全然ダメなんです。

そのうち、ぼくは、脳ばかりではないんじゃないかと思いました。アゲハの幼虫では頭から胸《むね》で三つの神経節がつながっていて、その三つ全体から茶色くするホルモンが出る。ある程度そういうことがわかりましたので、その話を先生にしたら「そうやろう、ワシもはじめからそう思うとった」と（笑）。

《中略》

また、ある偉《えら》い先生は「茶色くなるということは、酸素によって酸化されるんだから、純酸素《じゅんさんそ》の中に漬《つ》けてみたらどうなるかやってみろ」という。

「そうですか」とはいったけど、自然界に純酸素なんてあるはずないんだから、そんなアホなことはないと思いまして、そういうことはやりませんでした。

もしかすると茶色くするホルモンが出るか出ないかを決めているのはにおいじゃないかと思ったこともありました。生きている植物って青臭《あおくさ》いですから。

そういう実験をしてみると、まさに青臭いにおいがすれば緑色のサナギになる。そこで、京大の先生で世界的にも有名な青臭さの研究をされている方のところに行って、アオバアルコールという物質があるんですが、それをいただいてきて強引《ごういん》な実験をしました。割《わ》り箸《ばし》、つまり枯れた木にその物質をつけるとプンプン青臭い。ここに幼虫を放しておいたら、みんな緑色のサナギになるかと思ったら、ならないんです。

そういうむちゃくちゃな実験はやっぱりだめであるということがよくわかりました。

結局、ことは非常に複雑らしいということまでわかってきたところで、あとは、今、広島大学にいる本田計一さんという人がうまくまとめてくれました。

木などにとまって糸をかけるとき、それが青臭いかどうか、生きた植物であるかどうかがまず問題で、その場合は緑色のサナギになる。でもそれだけが決め手じゃないんです。そこの曲率半径が小さいか大きいか。

曲率半径が大きいということは平たいということですが、そういうところにくっつくとなかなか緑色にならない。曲率半径が小さければ緑色になる。

さらに、この曲率半径とは関係なく、そこがツルツルかザラザラかということがまた問題になる。ツルツルであれば緑色になる確率が高まる。ザラザラであれば茶色くなる。

さらに、温度が高かったら緑色になる。また、湿度《しつど》が高かったら緑色になる。

におい、曲率半径、テクスチャー（質感）、温度、湿度。少なくとも五つぐらいの条件が全部、完全に独立にあるということをまとめてくれました。

それでやっとぼくはわかった。

たとえばこんなマイクのコードのようなところですね。ここにとまれば緑色になる。

これは生きた植物ではないので青臭くないから、茶色くなるはずですが、曲率半径は小さい。そしてツルツルです。さらにこの部屋は暖《あたた》かくて湿度も高い。これで四つ緑色になる条件がそろう。するときれいな緑色のサナギができちゃうんです。こんなところでね。

いちばんわからなかったのは、まったく透明《とうめい》なガラス板の上にできるサナギです。茶色いのと緑色のと両方できますが、緑色になるのは夏なんです。湿度が高くて気温が高くて表面がツルツル。緑色になる条件は三つある。いっぽうガラスに青臭みはなく、曲率半径は大きい。茶色になる条件はふたつです。そうすると、五つの条件のうちの三つは緑色になる方向なので、緑色のサナギになる。

しかし同じガラスの上でも冬ですと、においはしない、曲率半径は大きい、温度は低くて湿度も低い、と、茶色になる条件が四つになる。するとサナギは茶色くなる。

なるほどと思いました。自然界というのはそんなふうに複雑にできているんだと。

今みなさんが地球研で研究している「環境《かんきょう》」とは、そういうふうに、何だかわけのわからない条件がいっぱい組みあわさっているもので、昔、ぼくが教わったみたいに一対一、こういうことがあったらこうなる、なんてものではないということがよくわかりました。

（日高敏隆《ひだかとしたか》『世界を、こんなふうに見てごらん』より）

ア	イ	ウ
エ	オ	カ

問三（二）

問四

問四

問三（二）

エ

オ

カ

ア

イ

ウ

受検生用 1

パーソナルプレゼンテーション（PP）について

1　事前課題

SDGs の達成のために将来取り組みたいこと ※　SDGs とは持続可能な開発目標のことです

2　当日までの準備

(1)　事前課題について，体験をもとに自分の考えをまとめてください。

(2)　自分の考えを伝えるための**言葉（4 文字以内）または絵のいずれか一方**を発表用紙にかいてください。

(3)　作成した発表用紙を，出願手続時に配付された 受検生用 封筒に入れ，選抜検査当日に持ってきてください。

3　PP の順序

(1)　検査室への入室: 準備した発表用紙を持って入室します。

(2)　事前課題の発表: 事前課題について，自分の考えを発表します。

(3)　当日課題の発表: 当日課題について，自分の考えを発表します。

(4)　検査室からの退室：発表用紙を置いて退室します。

4　注意事項

(1)　発表用紙

①　コンピュータやカメラなどを使用して作成したものは使えません。

②　A3 判の大きさであれば，配られたものと違《ちが》う紙を使ってもかまいません。その際には，受検番号と名前を裏《うら》に記入してください。

(2)　発表方法

①　発表用紙を黒板に貼り，立って発表します。

②　事前課題の発表時間は 2 分間です。

③　発表用紙以外のものは使用できません。

【太田中　作

【課題１】

この文章の━━線部に「自分のミスや弱点をふり返ります」とあります。自分のミスや弱点をふり返ることについて、あなたはどう思いますか。理由も含めてあなたの考えを二百字以内で書きましょう。

【課題２】

弱点はだれにもあるものですが、太田中学校に入学したら、あなたは自分の弱点にどのように向き合って生活していきますか。あなたの小学校での経験をふまえて、四百字以内で書きましょう。

（この余白は、メモするなど自由に使ってかまいません。）

令和四年度　太田市立太田中学校入学者選抜

作文　解答用紙

受検番号

氏名

【課題1】

（二十字×十行）

（評価基準非公表）

5行

10行

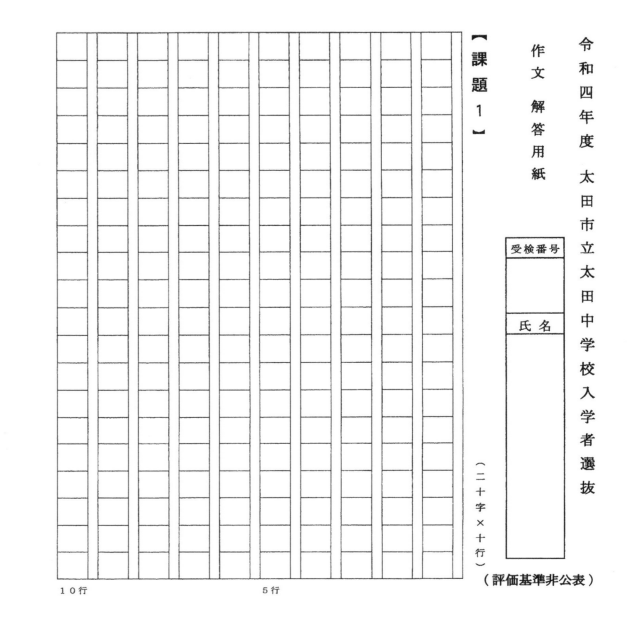

令和四年度　太田市立太田中学校入学者選抜

作文　解答用紙

【課題１】

受検番号	
氏名	

（二十字×十行）

（評価基準非公表）

課題2】

（二十字×二十行）

5行

10行

15行

20行

【問題】
次の文章を読んで、【課題１】、【課題２】について、自分の考えを書きましょう。
《注意》解答用紙には、題名を書かずに文章から書き始めること。

史上最年少の17歳《さい》で初タイトルをとった将棋《しょうぎ》の藤《ふじ》井《い》聡《そう》太《た》棋聖《きせい》(注1)。二冠《かん》目をかけた王位戦第3局が8月4日から2日間で行われます。

藤井棋聖の活躍《かつやく》はひさびさの明るい話題です。みなさんの中には藤井棋聖にあこがれて将棋を始めた人がいるかもしれません。将棋盤《ばん》も売れています。プロの対局を見ていて気になるのは勝負のついた瞬間《しゅんかん》です。

将棋は王将の駒《こま》を取られたら負けですが、最後まで指さなくても、もう勝てないと思える時が来ます。それまで無言で盤に向かっていた棋士(注2)が、さっと一礼。「負けました」「参りました」と相手に言います。負けたほうはくやしくてたまらないはずです。席を立って帰ってしまいたいくらいの気持ちをおさえて自分から負けをみとめる。勝負のあとは相手と一緒《いっしょ》に駒を並べ直し、なぜ負けたのか考え、自分のミスや弱点をふり返ります。この姿勢を見習いたいと、見るたびに思うのです。

出典「朝日小学生新聞」二〇二〇年七月三十一日（金）天声こども語

※注　1　棋聖…囲碁や将棋で、強い棋士に与えられる称号《しょうごう》（呼び名）。そのほかに、名人、竜王《りゅうおう》などもある。
2　棋士…囲碁《いご》または将棋をすることを職業としている人。

令和四年度

太田市立太田中学校入学者選抜

受検番号
氏　名

作　文

（45分）

注　意　事　項

一　「始めなさい。」の指示があるまで、問題用紙を開いてはいけません。

二　問題用紙と解答用紙は、それぞれ一枚ずつです。

三　作文は解答用紙に書きましょう。

四　「やめなさい。」の指示があったら、すぐに筆記用具を置き、問題用紙と解答用紙の両方を机の上に置きましょう。

受検生用 2

パーソナルプレゼンテーション事前課題発表用紙

受検番号	

名　　前	

※　自分の考えを伝えるための言葉（4 文字以内）または絵のいずれか一方を，この裏《うら》の □ の中にかいてください。

適性検査Ⅱ　解答用紙

（令和四年度）

受検番号

氏名

（配点非公表）

【問題】

問一

問二

【注】＊蛹化…サナギになること。
＊ホルモン…生物の体内でつくられ、体のさまざまな働きを調節する物質。
＊神経節…神経が集まっている部分。
＊地球研…「総合地球環境学研究所」の略。

問一　文章Ａ中に傍線部《ぼうせんぶ》①「いっしょうけんめい調べて、こうじゃないか、ああじゃないかと考え、また調べる」とありますが、あなたが今までに興味をもって調べたことについて、調べた過程を含《ふく》めて具体的に説明してください。また、調べたことからわかったことと、それをもとに考えたことを書いてください。

問二　文章Ａのサナギの研究の結果を踏《ふ》まえて、次の条件のとき、サナギは茶色になるか、緑色になるか、どちらの可能性が高いと思いますか。あなたの考えとそう考えた理由を具体的に説明してください。説明には表を使っても構《かま》いません。

〈条件〉　ジメジメした温室に張られている茶色の細いひも

文章Ｂ

最近は、ブラックバスが日本中の湖で急速に分布を広げていますね。これはブラックバスを積極的に放流している人がいるからでしょう。そして、このブラックバスの増加が大きな社会問題になっています。これは魚食魚《ぎょしょくぎょ》なので、湖にいる魚を食べてしまいます。そのため、漁業に深刻《しんこく》な問題が生じているところもあります。ブラックバスの悪影響《あくえいきょう》を考えずに放流する人がいることは大変残念に思っています。

ところで、この問題では「ブラックバスが湖の生態系《せいたいけい》を壊《こわ》す」という声をよく耳にします。これを聞くと、私《わたし》は思わず首をかしげ、それを言った人に尋《たず》ねてみたくなります。「ブラックバスが壊す生態系ってどんな生態系のことをさすのですか」。

ブラックバスの増加にともなって生じる問題の多くは在来の魚が減ることなので、おそらく壊される生態系とは、在来の魚群集のことをさしているのだと私は想像しています。そうだとするとおかしいですよね。湖には魚しかいないのでしょうか。

《中略》

ここで生態系の例としてアフリカの草原を考えてみましょう。草原にはシマウマやウサギなど、多くの動物がくらしていますね。これらの動物は植食《しょくしょく》動物で、草や樹木《じゅもく》がたくわえた太陽エネルギーを体に取りこんで生きています。また、ここにはこの動物を食べて生きている肉食動物もいます。ライオンやチーターなどです。これらの動物は、シマウマなどから生きるためのエネルギーを得ているのですが、そのエネルギーはもともとは植物が取りこんだ太陽エネルギーなのです。すると、ここでは「草→シマウマ→ライオン」という食物連鎖《れんさ》が存在《そんざい》し、それによって物質とエネルギーが移動していることになります。そこで、草などの植物を生産者と呼《よ》びます。太陽エネルギーを使って有機物を生産するからです。シマウマは一次消費者と呼びます。生産者を最初に消費する生き物だからです。すると、ライオンは一次消費者を食べるので二次消費者となります。生態系のなかのはたらきから生物たちを見ると、このような役割《やくわり》に分けることができます。

ただし、もう一つ、忘《わす》れてはいけない大切な役割を果たしている生物がいます。バクテリアなどの分解者です。この分解者がいないと生物が死んでもその体は腐《くさ》りません。腐るということは分解されるということですから。もし分解者がいないと、世の中は生物の死体だらけになってしまいます。死体が分解されることによって、生物の体（有機物）をつくっていた元素がもとの無機物にもどります。このときバクテリアは、死体という有機物のなかに残されていたエネルギーを利用したのです。これによって植物がためた太陽エネルギーがすべて消費されたことになります。このバクテリアによってつくられた無機物の元素は、大気や土のなかにもどされ、それがふたたび植物に利用されて光合成によって有機物へとかたちを変えるのです。このように、生態系では、太陽エネルギーの力で物質が生物と非生物的環境のあいだを循環《じゅんかん》しているのです。

さて、湖の生態系を考えてみましょう。湖で光合成を行って太陽エネルギーを取りこんでいるのは植物プランクトンです。そして、それはミジンコに食べられます。すなわち、ミジンコは草原のシマウマと同じですね。次にミジンコはワカサギなどの小魚に食べられます。そうすると、ワカサギはライオンと同じになります。池にすんでいてみなさんがかわいがっているメダカもミジンコを食べるので、池のなかにいるライオンなんですよ。驚《おどろ》きましたか。このような言い方をすると、メダカの優《やさ》しいイメージが壊れてしまいますね。

《中略》

ところで、ブラックバスが生態系を壊すという言い方は、この魚は湖の生物たちにとっては悪者である、という意識から生まれているように思われます。はたして②湖の生物たちはブラックバスを悪者としているのでしょうか。

（花里孝幸《たかゆき》『ミジンコはすごい！』岩波ジュニア新書より）

【注】＊植食動物…草食動物。
＊有機物…炭水化物やタンパク質など生物が作り出す物質のこと。
＊元素…物質を作っている基本的な成分。
＊無機物…有機物以外の物質。

問三

（一）文章Bを踏まえて、ある生態系を次の図のように表したとき、図の空欄《くうらん》ア～カに入るものとして適切な語を、後の語群から選んで入れてください。

図

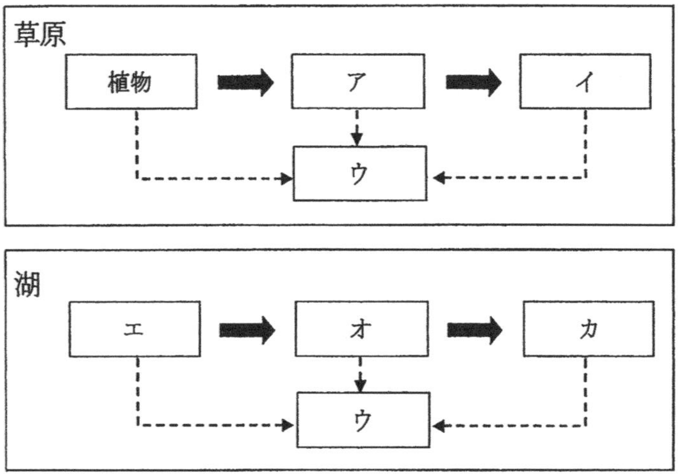

【語群】

チーター　ミジンコ　植物プランクトン

バクテリア　ワカサギ　ウサギ

（二）文章B中の傍線部②で「湖の生物たちはブラックバスを悪者としているのでしょうか」と筆者が言っていますが、あなたは「湖の生物たちはブラックバスを悪者としている」と思いますか。あなたの考えとそう考えた理由を説明してください。

問四　あなたが二つの文章を読んで考えた、大切なことは何でしょうか。大切だと考えたことを一つあげて、文章A、文章Bそれぞれの内容にふれながら、あなたの考えを説明してください。

令和３年度

群馬県立中央中等教育学校入学者選抜
伊勢崎市立四ツ葉学園中等教育学校入学者選抜
太田市立太田中学校入学者選抜

適性検査Ⅰ

（45分）

注意事項《こう》

1　「始めなさい。」の指示があるまで，問題用紙を開いてはいけません。
2　問題は，１ページから８ページまであります。解答用紙は，２枚《まい》あります。
3　解答は，すべて，解答用紙の決められた場所に書きなさい。
4　「やめなさい。」の指示があったら，すぐに筆記用具を置き，問題用紙と解答用紙の両方を机《つくえ》の上に置きなさい。

#教英出版　編集部　注
編集の都合上、解答用紙は表裏１枚にまとめてあります。

【問題１】

次の文章を読んで，(1)から(3)の問いに答えましょう。**答えは，解答用紙（２枚中の１）に記入しましょう。**

６年生の弘樹《ひろき》さんの学級では，「地域《ちいき》の歴史を知ろう」という活動の１つとして，歴史施設巡《しせつめぐ》りの校外学習を予定しています。歴史施設巡りは，班《はん》で考えた見学コースを路線バスでまわります。班別でＡ寺かＢ寺のどちらかを選んで見学したあと，さくら神社，つつじ寺，歴史資料館の３か所を見学し，ゴール地点のＣ寺に集合します。

(1)　次の**会話文**は，弘樹さんが班長をつとめる６人グループが，見学先について相談している様子の一部です。弘樹さんは班長として，みんなの意見を聞き，見学先を決めたいと考えています。**会話文**の［　　　　］に当てはまる文章を，弘樹さんになったつもりで考えて書きましょう。

会話文

弘　樹：Ａ寺とＢ寺のどちらか１つを選ばなくてはならないけれど，みんなはどっちに行きたいかな。
聡《さと》　史《し》：ぼくはＢ寺に行きたいな。日本庭園がすごくきれいだって聞いたことがあるよ。
さとこ：わたしも賛成ね。前から気になっていたのよ。
優《ゆう》　太《た》：そうなんだ。でも，Ｂ寺はＡ寺より遠いし，バスの乗りかえも必要だよ。Ａ寺に行く方が時間もかからないし簡単《かんたん》だと思うよ。その分ゆっくり見学できるし，ぼくはＡ寺がいいな。
良《よし》　江《え》：そうだね。Ａ寺のことはよくわからないけれど，ゆっくり見学したいから，Ａ寺にしようよ。
健《けん》　太《た》：ぼくもＡ寺がいいと思うな。
聡　史：でも，見学できる時間が減ったとしても，やっぱりぼくはＢ寺に行きたいな。
弘　樹：ここまでの話だと，Ａ寺希望が３人で，Ｂ寺希望が２人だね。
優　太：Ｂ寺はあとで，自分で行ってもいいんじゃないのかな。みんなで行くのだから，Ａ寺にしようよ。
弘　樹：［　　　　　　　　　　　　　　　　　　　　　　］
良　江：そうだね。まずはインターネットを使って，それぞれの寺のホームページを見てみようよ。

相談の結果，弘樹さんたちの班はＢ寺を見学することになりました。Ｂ寺を見学したあとは，さくら神社，つつじ寺，歴史資料館の３か所をまわります。次のページの**会話文**は，弘樹さんたちの班で，Ｂ寺を１０時に出発したあと，３か所の見学先をどのような順序でまわるか，**資料１**，**資料２**，**資料３**を見ながら計画をしている様子の一部です。

資料１　計画を作る際の注意点

・施設間の移動には，路線バスを使う。
・さくら神社，つつじ寺，歴史資料館の全てを見学し，見学時間を守る。
・つつじ寺ではガイドさんの説明があるため，１１時３０分までに入場する。
・昼食時間（１２時～１３時の間に食べ始めて４０分間）を必ずとる。
・バス停から見学施設までの移動時間は考えなくてよい。

資料２　各施設間の路線バスによる移動時間と見学時間

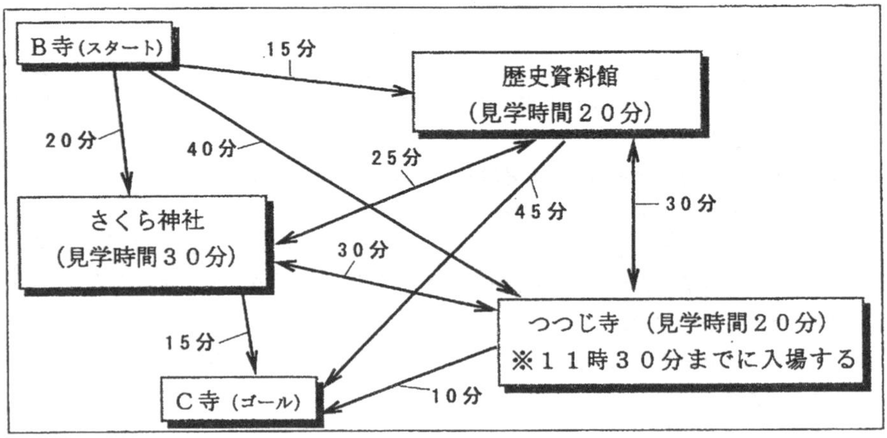

資料３　各施設からの路線バスの出発時刻《じこく》

Ｂ寺発

Ｂ寺→さくら神社		Ｂ寺→つつじ寺		Ｂ寺→歴史資料館	
１０時台	05　20　40	１０時台	15　30　45	１０時台	05　35　45

さくら神社発

さくら神社→つつじ寺		さくら神社→歴史資料館		さくら神社→Ｃ寺	
１０時台	05　35	１０時台	50	１０時台	15　30
１１時台	05　35　55	１１時台	10　30　50	１１時台	30
１２時台	05　35　55	１２時台	50	１２時台	15　30
１３時台	05　35　55	１３時台	10　30　50	１３時台	15　30
１４時台	05　35	１４時台	30　50	１４時台	15　30

つつじ寺発

つつじ寺→さくら神社		つつじ寺→歴史資料館		つつじ寺→C寺	
１０時台	00　20　40	１０時台	00　30	１０時台	15　45
１１時台	00　20　40	１１時台	30	１１時台	15　45
１２時台	00　40	１２時台	00　30	１２時台	15　45
１３時台	00　20　40	１３時台	30	１３時台	15　45
１４時台	00　20　40	１４時台	00　30	１４時台	15　45

歴史資料館発

歴史資料館→さくら神社		歴史資料館→つつじ寺		歴史資料館→C寺	
１０時台	10　25　45	１０時台	25　45	１０時台	00　35
１１時台	10　40	１１時台	05　25　45	１１時台	00　35
１２時台	10　25　45	１２時台	25　45	１２時台	00　35
１３時台	10　40	１３時台	05　25　45	１３時台	00　35
１４時台	10　25　45	１４時台	25	１４時台	00　35

会話文

弘　樹：見学順を考えるときには，資料２のバスの移動時間が大切だね。

健　太：バスの出発時刻《じこく》も大切だと思うな。資料３を見ると，Ｂ寺からつつじ寺に行く最初のバスは１０時１５分発だね。Ｂ寺から歴史資料館へ行く最初のバスは１０時５分発だけど，もしもそのバスに乗りおくれたら，次は［ア］発になってしまうね。

さとこ：スタートのＢ寺とゴールのＣ寺の間に見学先が３つあるから，全部で［イ］コースの組み合わせが考えられるね。

良　江：つつじ寺には１１時３０分までに入場しないといけないことにも気をつけないとね。

聡　史：そうだね。ゴールのＣ寺の直前につつじ寺に行くコースは，１１時３０分の入場時間に間に合わないね。

優　太：ぼくはＣ寺をゆっくり見学したいけど，一番早く着くのはどのコースだろう。

さとこ：手分けをしてそれぞれのコースでかかる時間を計算してみようよ。

（　－　数分後　－　）

優　太：計算すると，Ｂ寺の次につつじ寺に行く２つのコースは，両方ともＣ寺に着くのが１４時３０分以降《いこう》になるけど，他のコースはどうかな。

健　太：Ｂ寺→さくら神社→つつじ寺→歴史資料館→Ｃ寺のコースは，［ウ］

弘　樹：Ｂ寺→歴史資料館→つつじ寺→さくら神社→Ｃ寺のコースは，［エ］にＣ寺に到着《とうちゃく》するから，一番早いね。

(2)　**会話文**の［ア］と［エ］に当てはまる時刻を，［イ］に当てはまる数字を，［ウ］に当てはまる文章をそれぞれ書きましょう。

さとこさんは，歴史施設巡りを終えて考えたことを，次の**発表げんこう**にまとめました。

発表げんこう

今回の歴史施設巡りで一番印象に残ったのは，歴史施設と街が一体となっていたことです。身近な場所で，歴史的価値のあるものや古い街並《まちな》みを守りながら，街の開発がすすんでいることに気がつきました。

わたしの家のすぐ近くにも，歴史のある神社がありますが，その神社のすぐ隣《となり》に大型のショッピングモールができる計画があることを知りました。ショッピングモールができると，便利になることもあると思いますが，神社の静かで落ち着いたふん囲気がどうなってしまうか心配です。わたしは，歴史施設巡りで感じたことをもとに，神社のふん囲気を守りながらショッピングモールを作るためのアイデアを考えました。

今後は，歴史施設巡りで感じたことと，わたしの考えたアイデアを，ショッピングモールを運営する会社や，市役所で街の開発を担当《たんとう》している方などに伝えられたらよいと思っています。

(3)　**発表げんこう**中の下線部「神社のふん囲気を守りながらショッピングモールを作るためのアイデア」について，あなたならどのようなアイデアを考えますか。**発表げんこう**の内容を参考にして，４０字以内で考えて書きましょう。

(3)

（１字あけずに，「→」から横に書きましょう。また，段落《だんらく》での改行はしないで続けて書きましょう。）

→ （20字）

（40字）

【適

(4)

（１字あけずに，「→」から横に書きましょう。また，段落《だんらく》での改行はしないで続けて書きましょう。）

→

(80字)

(100字)

(120字)

適性検査Ⅰ　解答用紙（２枚中の２）	（令和３年度）	受検番号		氏名	

【問題２】

(1)

(2)

まい

(3)

①

②

適性検査Ⅰ　解答用紙（２枚中の１）	（令和３年度）	受検番号		氏名	

（配点非公表）

【問題１】

(1)

(2)

ア

イ

ウ

【適

【問題２】

次の文章を読んで，(1)から(4)の問いに答えましょう。**答えは，解答用紙（２枚中の２）に記入しましょう。**

群馬小学校では６年生の学級活動の時間に，「在校生に向けてありがとうを伝えよう」をテーマとした活動を行っています。次の**会話文**は，勇貴《ゆうき》さんたち６年１組で，どのような方法で在校生（１～５年生）に「ありがとう」を伝えるか，相談している様子の一部です。

会話文

勇　貴：これから，在校生に「ありがとう」を伝える方法を話し合いたいと思います。

あやこ：わたしは，在校生のみんなに，手紙を書くのがよいと思います。在校生のみんなと過ごした思い出をふり返り，「ありがとう」の気持ちを文字で直接伝えることができると思うからです。

勇　貴：他に意見がある人はいますか。

健《けん》　人《と》：ぼくは，毎日のそうじでは手が行きとどかないところまで，校舎をきれいにするのがよいと思います。そう考える理由は，［　　　　　］です。

麻《あさ》　美《み》：わたしは，体育館で校歌を歌うときに，みんなから歌しが見えるようなものを作るのがよいと思います。

（　－　話し合いは続きます　－　）

(1)　**会話文**の中で健人さんが「毎日のそうじでは手が行きとどかないところまで，校舎をきれいにするのがよいと思います」と発言しています。健人さんになったつもりで，このように考える理由を**会話文**の［　　　］に当てはまるように書きましょう。

各クラスで話し合った結果，体育館で校歌を歌うときにみんなから見えるような校歌額《こうかがく》を，６年生全員で協力して作ることになりました。

校歌額の説明

- 図１のように，５１２まいの木でできた部品と周りを囲う額《がく》の部分があります。
- 図２は部品の１つを拡大したものです。部品のうち，文字の部分は，直方体の木材の表面に黒いペンキをぬった後，えんぴつで文字を下書きし，文字の周りの部分をほって作ります。
- 組み立てた校歌額は体育館の右前のかべに設置します。

（※　額の部分は先に作成してあります）

図１「校歌額」の全体図

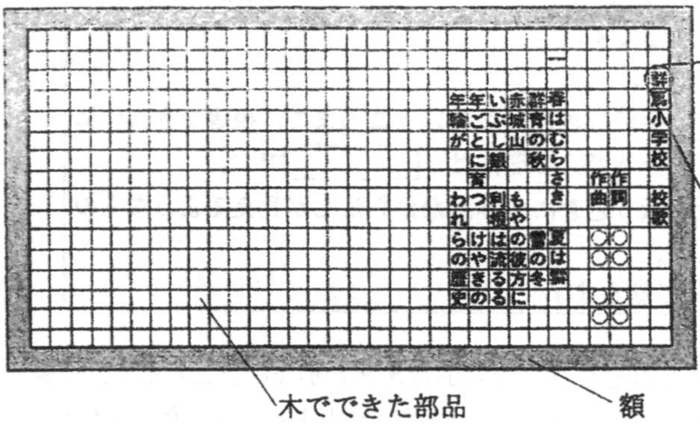

図２ 部品（拡大図）

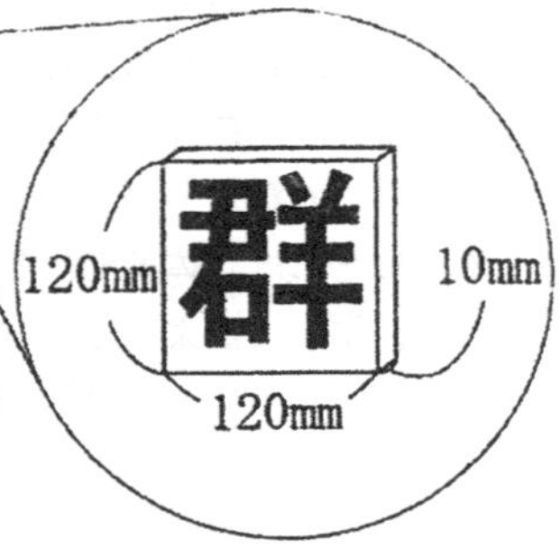

(2) 部品は次の図３のような，たて６０cm，横４０cm，厚さ１cmの木の板から，ノコギリで切り出して作ることになりました。５１２まいの部品を切り出すためには，図３の大きさの木の板を，最低何まい購入《こうにゅう》すればよいか書きましょう。ただし，ノコギリの歯の厚みは考えないこととします。

図３

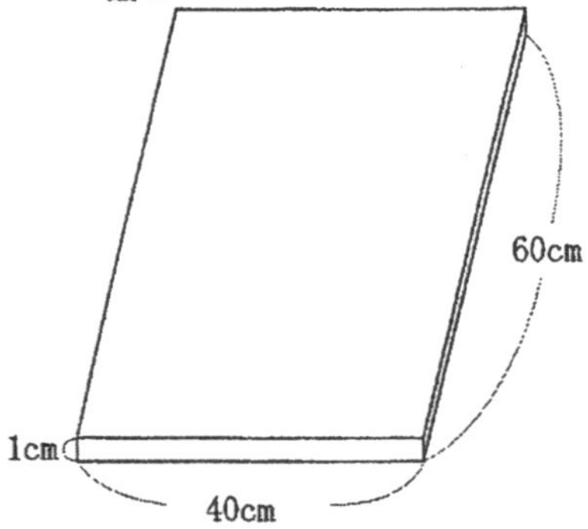

(3) 勇貴さんたちは，校歌額の文字が見やすいものになるように，文字をほる部品の作成を始める前に，話し合いをしています。次の**会話文**はその様子の一部です。

会話文

勇　貴：作業を行う前に，どんなことを決めておくとよいかな。
麻　美：まずは，誰《だれ》がどの文字を作るのか決める必要があるね。
あやこ：そうだね。見やすい校歌額にするためには，担当《たんとう》することになった文字の下書きを始める前に，文字の［　　　　］を決めておいた方がよさそうだね。
健　人：そうだね。そのほうが，統一感があって見やすい校歌額ができるね。
勇　貴：先にいくつかの文字の見本を作っておいて，見本を参考に作業してもらうのはどうかな。
麻　美：それはいいアイデアだね。

① 見やすい校歌額ができるように，どのようなことを決めておく必要がありますか。**会話文**の［　　　　］に当てはまる言葉を書きましょう。

② 次の**図4**は，ちょうこく刀を使って，文字の周りをほる作業をしている様子です。**図4**を見て，安全に作業するためにどのようなことに気をつける必要がありますか。2つ考えて書きましょう。

図4

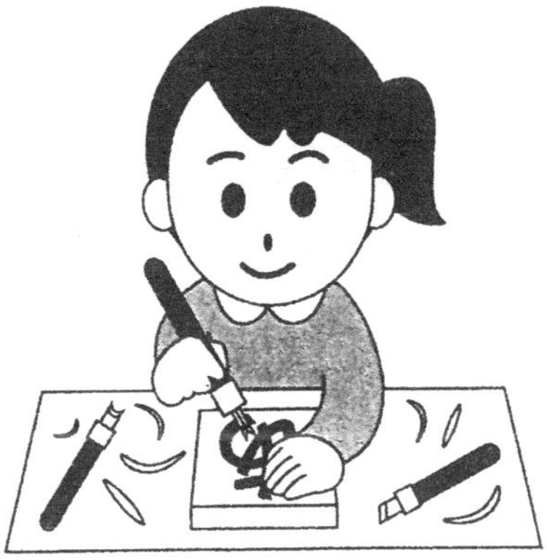

校歌額を組み立てる前に，すべての部品（５１２まい）にハケを使ってニスをぬります。勇貴さんたちは，新品のニスのボトル１本とハケを準備し，ニスをぬり始めました。しかし，すべての部品にニスをぬるには，ボトル１本のニスの量では足りないことに途中《とちゅう》で気がつきました。

③　このとき，あなたなら，すべての部品をぬるために必要なニスの本数をどのように求めますか。考え方を説明しましょう。ただし，１まいの部品をぬるために必要なニスの量はすべて同じとします。また，ニスのボトルはすべて同じものとします。

(4) 完成した校歌額を体育館のかべに設置した後，勇貴さんは全校集会で，６年生の代表として，「ありがとう」の気持ちを伝えるためのスピーチをすることになりました。校歌額の作成過程の紹介《しょうかい》もふくめ，次の**スピーチのげんこう**の□に当てはまる文章を，勇貴さんになったつもりで，１００字以上１２０字以内で書きましょう。

スピーチのげんこう

みなさん，こんにちは。

わたしたち６年生は，

□

これからも群馬小学校の校歌を大切にしていってほしいと思います。

（おわり）

令和３年度

群馬県立中央中等教育学校入学者選抜

適性検査Ⅱ

（45分）

注意事項《こう》

1　「始めなさい。」の指示があるまで，問題用紙を開いてはいけません。

2　問題は，１から４ページです。解答用紙は，１枚《まい》あります。

3　解答は，すべて，解答用紙の決められた場所に書きなさい。

4　「やめなさい。」の指示があったら，すぐに筆記用具を置き，問題用紙と解答用紙の両方を机《つくえ》の上に置きなさい。

問題　次の文章A、文章Bを読み、問一～四に答えなさい。

文章A

私《わたし》自身を振《ふ》り返ってみると、社会を意識したのは小学校を終わるころから中学に進学するころではなかったかと思う。《中略》

思いだすのは、中学生のコペル君が登場する吉野源三郎《よしのげんざぶろう》『君たちはどう生きるか』（岩波文庫）という本のことだ。この本は岩波書店の出版物の中でも、今もって絶えることのない人気を維持《いじ》しているという。

コペル君とは彼《かれ》のおじさんが命名したあだ名で、主人公の本田純一《じゅんいち》君がコペルニクス的発見をしたことから名づけられた。

①コペル君の新発見とは一体何だったのだろう。

ある日コペル君はビルの屋上から、周囲を見ているうちに、路上を行き来する人や、周りのビルの窓《まど》の中にいて、コペル君を見ているかもしれない多くの人の中の一人が、自分であるという不思議な感覚にとらわれる。

コペルニクスは周知のように一五四三年五月二三日、革命的《かくめいてき》出版といわれる「天球回転論《ろん》」によって、天動説から地動説へと、当時の社会的常識を覆《くつがえ》した天文学者である。人びとは当時、地球を中心として太陽や星が地球の周りを回っていると、目でみたままを信じていたし、自分が立っている大地が動いていると想像することさえできなかった。キリスト教の教会も地球が宇宙《うちゅう》の中心であると教えていた。

人間というものはいつでも自分を中心としてものを見たり考えたりする性質を持っているため、子どものうちは、どんな人でも、地動説ではなく天動説のような考え方をしている。それが大人になると、多かれ少なかれ地動説のような考えになってくる。広い世間というものが考えの初めにまずあって、その上でいろいろなことや、人を理解していく。しかし自分に都合のいいことだけを見ようとする自分中心の考え方は、世の中とか人生とかを考える時もやっぱり、ついて回っているのだ。

自分たちの地球が宇宙の中心だという考えにかじりついていた間、人間には宇宙の本当のことがわからなかった。それと同様に、自分ばかりを中心にして、物事を判断していくと世の中の本当のことを、ついに知ることができないでしまう。

「「人間て、ほんとに分子《ぶんし》みたいなものだね。」……君の感じたとおり、一人一人の人間はみんな、広いこの世の中の一分子なのだ。みんなが集まって世の中を作っているのだし、みんな世の中の波に動かされて生きているんだ。……広い世の中の一分子として自分を見たということは、決して小さな発見ではない。……」

これがおじさんのコペル君命名の理由である。

この文章を読んだ時の感動を私は今もはっきり覚えている。それはちょうどコペル君と同じ年頃《としごろ》だった私が、同じように社会の存在《そんざい》を感じ始めていたからだろう。

コペル君は、やがて、分子のような存在であるそれぞれの人間が、ただ、ばらばらの分子として生きているのではなく、目に見えない多くの人とつながり合って、この社会が成り立っていることに気がつく。日常で使っているどんな品物も誰《だれ》かによって作られ、誰かによって運ばれてきたもので、その品物の背後《はいご》には目に見えない何百何千人の人が働きつながり合っているという事実があることを発見する。コペル君はそれを「人間分子の関係、網目《あみめ》の法則」と名づける。

しかし、コペル君が社会人としての目覚めを獲得《かくとく》していく過程には、自分が多くの人の中の一分子だと感じるだけでなく、もう一つ、大事な経験を経なければならなかった。

それは②人と人との、あるいは社会的な出来事と自分との関係に気づく人間らしい想像力を持てるかどうかということである。

（暉峻淑子『社会人の生き方』岩波新書より）

【注】＊維持…物事をそのままの状態で保ち続けること。

＊覆す…ひっくり返すこと。

＊分子…ものを構成する小さな粒《つぶ》のこと。

＊獲得…手に入れること。得ること。

問一　文章Ａ中に、傍線部《ぼうせんぶ》①「コペル君の新発見とは一体何だったのだろう」とありますが、コペル君の新発見とはどのようなことですか。本文から読み取り、１２０字以内で説明しなさい。

問二　文章Ａの傍線部②「人と人との、あるいは社会的な出来事と自分との関係」について、具体的にあなたが考えたことを、本文の内容をふまえ２００字以内で書きなさい。

文章B

（筆者は、これまで世界中を旅するなかで、気球やカヌーに乗ったり、北極や南極を訪《おとず》れたり、と様々な経験をしてきた。）

これまでは自分が実際に歩んできた道のりを書いてきました。こうして振《ふ》り返ってみると、たしかに多くの人が行かないような場所や、体験しえないような行為《こうい》をしてきたのかもしれません。このような経験によって、ぼくは世間から「冒険家《ぼうけんか》」などと呼ばれることもあります。

しかし、辺境《へんきょう》の地へ行くことや危険《きけん》を冒《おか》して旅することが、果たして本当の冒険なのでしょうか？　そもそも「冒険」や「旅」には、いったいどんな意味があるのでしょう？　あることをきっかけに、ぼくはよりいっそうそんなふうに考えるようになりました。

観光旅行に行くことと旅に出ることは違《ちが》います。観光旅行はガイドブックに紹介《しょうかい》された場所や多くの人が何度も見聞きした場所を訪《たず》ねることです。そこには実際に見たり触《ふ》れたりする喜びはあるかもしれませんが、あらかじめ知り得ていた情報を大きく逸脱《いつだつ》することはありません。一方、旅に出るというのは、未知の場所に足を踏《ふ》み入れることです。知っている範囲《はんい》を超《こ》えて、勇気を持って新しい場所へ向かうことです。それは、肉体的、空間的な意味あいだけではなく、精神的な部分も含《ふく》まれます。むしろ、精神的な意味あいのほうが強いといってもいいでしょう。

人を好きになることや新しい友だちを作ること、はじめて一人暮《ぐ》らしをしたり、会社を立ち上げたり、いつもと違う道を通って家に帰ることだって旅の一部だと思うのです。実際に見知らぬ土地を歩いてみるとわかりますが、旅先では孤独《こどく》を感じたり、不安や心配がつきまといます。旅人は常に少数派《しょうすうは》で、異邦人《いほうじん》で、自分の世界と他者の世界のはざまにあって、さまざまな状況《じょうきょう》で問いをつきつけられることになります。多かれ少なかれ、世界中のすべての人は旅をしてきたといえるし、生きることはすなわちそういった冒険の連続ではないでしょうか。

生まれたばかりの子どもにとって、世界は異質《いしつ》なものに溢《あふ》れています。もともと知り得ていたものなど何もないので、あるがままの世界が発する声にただ耳を澄《す》ますしかありません。目の前に覆《おお》いかぶさってくる光の洪水《こうずい》に身をまかせるしかないのです。そういった意味で、子どもたちは究極の旅人であり冒険者だといえるでしょう。歳《とし》をとりながら、さまざまなものとの出会いを繰《く》り返すことによって、人は世界と親しくなっていきます。やがて、世界の声は消え、光の洪水は無色透明《むしょくとうめい》の空気みたいになって、何も感じなくなっていくのでしょう。それは決して苦しいことではありませんから、世界との出会いを求めることもなくなり、異質なものを避《さ》けて五感を閉《と》じていくのかもしれません。そうして世界がすでに自分の知っている世界になってしまったとき、あるがままの無限の世界は姿《すがた》を変えて、ひどく小さなものになってしまいます。そのことを否定《ひてい》するつもりはまったくありませんし、自分もそうならないとは限りませんが、不断《ふだん》の冒険によって最後の最後まで旅を続けようと努力したいとぼくは思うのです。

③現実に何を体験するか、どこに行くかということはさして重要なことではないのです。

《中略》

旅をすることで世界を経験し、想像力の強度を高め、自分自身を未来へと常に投げ出しながら、ようやく近づいてきた新しい世界をぼくはなんとか受け入れていきたいと思っていました。そうすれば、

２０

問三

問四

【中央 適

受検生用 1

パーソナルプレゼンテーション（PP）について

1　事前課題

コロナ禍《か》で学んだこと

2　当日までの準備

(1)　事前課題について，体験をもとに自分の考えをまとめてください。

(2)　自分の考えを伝えるための**言葉（4 文字以内）または絵のいずれか一方**を発表用紙にかいてください。

(3)　作成した発表用紙を，出願手続時に配付された 受検生用 封筒に入れ，選抜検査当日に持ってきてください。

3　PP の順序

(1)　検査室への入室: 準備した発表用紙を持って入室します。

(2)　事前課題の発表: 事前課題について，自分の考えを発表します。

(3)　当日課題の発表: 当日課題について，自分の考えを発表します。

(4)　検査室からの退室：発表用紙を置いて退室します。

4　注意事項

(1)　発表用紙

①　コンピュータやカメラなどを使用して作成したものは使えません。

②　A3 判の大きさであれば，配られたものと違《ちが》う紙を使ってもかまいません。その際には，受検番号と名前を裏《うら》に記入してください。

(2)　発表方法

①　発表用紙を黒板に貼り，立って発表します。

②　事前課題の発表時間は 2 分間です。

③　発表用紙以外のものは使用できません。

（この余白は自由に使いましょう。）

【課題1】

詩の中の━━線部の作者の考えについて、あなたはどう思いますか。「賛成」、「反対」、「どちらとも言えない」などの立場を明らかにして、理由もふくめて三百字以内で書きましょう。

【課題2】

太田中学校に入学して新しい友達と出会ったときに、あなたはどのような友達になりたいですか。あなたの経験をふまえて、三百字以内で書きましょう。

令和三年度　太田市立太田中学校入学者選抜

作文　解答用紙

受検番号
氏名

【課題1】

（十五字×二十行）

（配点非公表）

5行

10行

15行

20行

300字

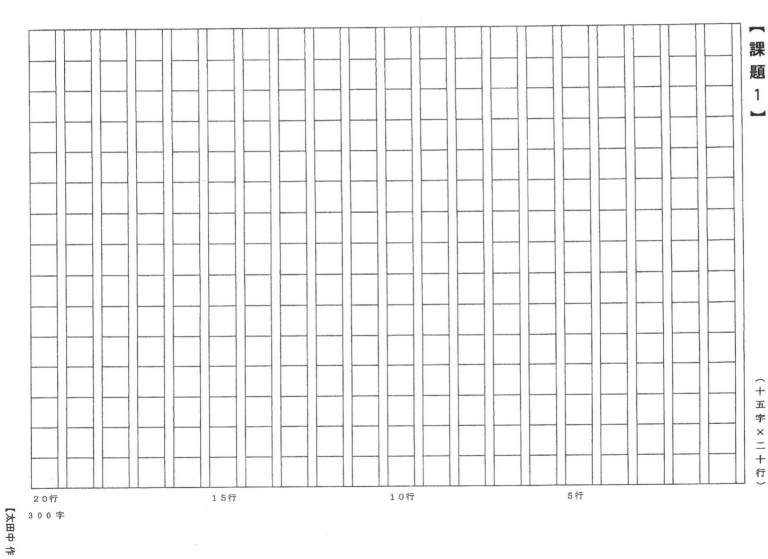

【課題2】

（十五字×二十行）

5行

10行

15行

20行

300字

【問題】

次の詩を読んで、**【課題1】**、**【課題2】**について、自分の考えを書きましょう。

《注意》解答用紙には、題名を書かずに文章から書き始めること。

友達

ビートたけし

著作権に関係する弊社の都合により本文は省略いたします。

教英出版編集部

※詩中の――線部

相手に何も期待しない

出典「中学生に贈りたい心の詩40」水内喜久雄編（ＰＨＰ研究所）

令和三年度

太田市立太田中学校入学者選抜

受検番号
氏　　名

作文

（45分）

注意事項

一　「始めなさい。」の指示があるまで、問題用紙を開いてはいけません。

二　問題用紙と解答用紙は、それぞれ一枚ずつです。

三　作文は解答用紙に書きましょう。

四　「やめなさい。」の指示があったら、すぐに筆記用具を置き、問題用紙と解答用紙の両方を机の上に置きましょう。

受検生用 2

パーソナルプレゼンテーション事前課題発表用紙

受検番号	

名　　前	

※　自分の考えを伝えるための言葉（4 文字以内）または絵のいずれか一方を，

この裏《うら》の　　　の中にかいてください。

適性検査Ⅱ　解答用紙

（令和三年度）

受検番号	
氏名	

（配点非公表）

【問題】

問一（一字あけずに書きましょう。また、段落《だんらく》での改行はしないで、続けて書きましょう。）

120　100

問二（一字あけずに書きましょう。また、段落での改行はしないで、続けて書きましょう。）

100

さまざまな境界線をすり抜《ぬ》けて、世界のなかにいる④たった一人の「ぼく」として生きていける気がするからです。
いままでに出会ったいくつもの世界や、たくさんの人の顔、なによりも大切な人の笑顔《えがお》を思い描《えが》き、ともに過ごしたかけがえのない時間について心のなかでくり返し問いつづけながら、いま生きているという冒険にふたたび飛び込《こ》んでいくことしか、ぼくにはできないのです。
家の玄関《げんかん》を出て見上げた先にある曇《くも》った空こそがすべての空であり、家から駅に向かう途中《とちゅう》に感じるかすかな風のなかに、もしかしたら世界のすべてが、そして未知の世界にいたる通路が、かくされているのかもしれません。

（石川直樹『いま生きているという冒険』より）

【注】＊辺境…中央から遠く離《はな》れた場所。
＊逸脱…外れること。
＊異邦人…見知らぬ人。
＊不断…とだえないで続くこと。

問三 文章B中に、傍線部③「現実に何を体験するか、どこに行くかということはさして重要なことではないのです」とありますが、冒険や旅について筆者がこのように考えたのはなぜでしょうか。本文の内容をふまえ、その理由を考えて書きなさい。

問四 文章B中に、傍線部④「たった一人の『ぼく』」とありますが、文章Aではコペル君が「一分子」であると言っていました。この二つを大切にして、ひとりの人間として成長していくためには、何が必要だと思いますか。二つの文章をふまえ、説明しなさい。

令和２年度

群 馬 県 立 中 央 中 等 教 育 学 校 入 学 者 選 抜
伊勢崎市立四ツ葉学園中等教育学校入学者選抜
太 田 市 立 太 田 中 学 校 入 学 者 選 抜

適　性　検　査　I

（45分）

注　意　事　項《こう》

1　「始めなさい。」の指示があるまで，問題用紙を開いてはいけません。
2　問題は，１ページから８ページまであります。解答用紙は，２枚《まい》あります。
3　解答は，すべて，解答用紙の決められた場所に書きなさい。
4　「やめなさい。」の指示があったら，すぐに筆記用具を置き，問題用紙と解答用紙の両方を机《つくえ》の上に置きなさい。

＃教英出版 編集部　注
編集の都合上、解答用紙は表裏１枚にまとめてあります。

【問題１】

次の文章を読んで，(1)から(4)の問いに答えましょう。**答えは，解答用紙（２枚中の１）に記入しましょう。**

孝《たか》夫《お》さんたち６年１組の学級目標の１つは，「みんなで運動やスポーツに親しもう」です。１０月の体育の日を前にしたある日，孝夫さんたちクラスの体育委員は，次の２つの**質問**についてアンケートを行いました。**表**は，アンケート結果を分かりやすくするために，まとめたものです。

質問

〔質問１〕運動やスポーツをすることが得意ですか。
〔質問２〕クラスの人たちと運動やスポーツをすることが楽しいですか。

表　　（単位：人）

		〔質問２〕クラスの人たちと運動やスポーツをすることが楽しいですか。			
		楽しい	やや楽しい	あまり楽しくない	楽しくない
〔質問１〕運動やスポーツをすることが得意ですか。	得意	14	4	0	0
	やや得意	3	4	1	1
	やや不得意	0	1	2	1
	不得意	0	0	2	2

(1)　孝夫さんたち体育委員は，**表**を見ながら，次のような**話し合い**をしました。

話し合い

孝　夫：**表**から，どのようなことが分かるのかな。
幸《さち》　子《こ》：たとえば，〔質問１〕で「得意」と答えた人は，１８人いることが分かるね。そのうち，〔質問２〕で「楽しい」と答えた人は，１４人いることが分かるよ。
広《ひろ》　志《し》：それなら，〔質問１〕で，「得意」または「やや得意」と答えた人のうち，〔質問２〕で，「楽しい」または「やや楽しい」と答えた人は，合わせて[ア]人いることが分かるね。今回のアンケートでは，よい結果が出たと言えるのではないかな。
みさき：わたしは，少し違《ちが》う見方もできると思うな。〔質問１〕で，「やや不得意」または「不得意」と答えた人のうち，〔質問２〕で，「あまり楽しくない」または「楽しくない」と答えた人は，７人いて，クラス全体の[イ]%いることが分かるよ。
幸　子：運動やスポーツの「得意」，「不得意」にかかわらず，クラスの人たちと運動やスポーツをすることが「楽しい」と思う人が，増えてほしいね。
孝　夫：そのような企《き》画が何かできないか，先生に相談してみようよ。

表をもとに，**話し合い**の[ア]，[イ]に当てはまる数字を，それぞれ書きましょう。

(2)　孝夫さんたちのクラスでは，先生と相談した結果，学級活動の時間に，「みんなで楽しもう！バスケットボール」というレクリエーションを行うことになり，孝夫さんは，レクリエーション係の代表になりました。

　孝夫さんたちが，計画を考えているときに，先生が次のような話をしてくれました。

> 「１学期の体育の授業で，バスケットボールを行った後にみんなに書いてもらった感想の中で，気になるものがありました。それらも参考にして，バスケットボールが，得意な人も不得意な人も楽しめるレクリエーションにできるとよいですね。」

　先生の話を聞いた後，孝夫さんたちは，感想を読む中で，特に気になったものと，それに対して出た係員の意見を，ノートにまとめました。

ノート

感想Ａ	バスケットボールは不得意なので，あまり得点できず，楽しくなかった。
意　見	勇《ゆう》　太《た》「レクリエーション当日にシュートが決められるように，練習を増やそうよ。」 陽《よう》　子《こ》「不得意な人も楽しめるように，チーム分けや試合のルールを工夫してみようよ。」
感想Ｂ	同じチームの人から，「ちゃんとシュートを決めてくれないと勝てないじゃないか。」と言われ，いやな気持ちになった。
意　見	太《た》　郎《ろう》「やるからには勝ちたいから，ついこういう言葉が出てしまうよね。」 幸　子「不得意な人がいやな気持ちにならないためには，どうすればよいかな。」

①　感想Ａに対して，陽子さんは「不得意な人も楽しめるように，チーム分けや試合のルールを工夫してみようよ。」と言っています。それぞれどのような工夫が考えられますか。あなたの考えを書きましょう。

②　孝夫さんは，レクリエーション当日に，係代表のあいさつである「はじめの言葉」を担《たん》当することになりました。孝夫さんは，感想Ｂに対する，太郎さんや幸子さんの意見を聞いて，どのようなことを話したらよいか考えました。孝夫さんになったつもりで，**原こう**の□に当てはまる文章を，６０字以上８０字以内で書きましょう。

原こう

みなさん，こんにちは。今日は，待ちに待ったレクリエーションの日です。
□
これで，「はじめの言葉」を終わりにします。

(3)　孝夫さんたちは，レクリエーション当日の試合時間を決めることにしました。下の条件に従《したが》って試合を行うとき，１試合何分で行えばよいでしょうか。また，そのように考えた理由を，言葉や数字を使って書きましょう。

条件

- レクリエーションの時間は，４５分とする。
- チーム数は，４チームとする。
- すべてのチームが，他のすべてのチームと１試合ずつ対戦する。
- コートは体育館内に２つ作る。
- 試合と試合の間の時間を，６分とる。
- 「はじめの言葉」，「終わりの言葉」の時間を，それぞれ１分ずつとる。
- 準備運動と整理運動の時間を，それぞれ５分ずつとる。
- その他の時間は，考えないものとする。

(4)　レクリエーションが終わった後，孝夫さんのクラスでは，次のような**話し合い**をしました。

話し合い

幸　子：今回のレクリエーションは，とても楽しかったね。応援《えん》もしっかりできていたね。わたしも，応援してもらって，がんばることができたよ。

広　志：みんなで一生懸《けん》命練習をしたから，バスケットボールが不得意だった人が，シュートを決めたとき，ぼくもとてもうれしい気持ちになったよ。

勇　太：ぼくは，バスケットボールが不得意な人にも，受けやすいようにパスをしたよ。

みさき：わたしは，これまで，みんなと一緒《いっしょ》に体を動かすことはあまり楽しくないと思っていたけれど，今回のレクリエーションで，考え方が変わったよ。

孝　夫：みんなの話を聞いていて，ぼくは，改めて，みんなと運動やスポーツをすることの良さに気づいたよ。みんなと運動やスポーツをすれば，

□

陽　子：みんなと運動やスポーツをする楽しさや良さを，伝えていきたいね。

孝夫さんが，「みんなの話を聞いていて，ぼくは，改めて，みんなと運動やスポーツをすることの良さに気づいたよ。」と言っています。どのような良さが考えられますか。孝夫さんになったつもりで，□に８０字以上１００字以内で書きましょう。

【問題２】

次の文章を読んで，(1)から(4)の問いに答えましょう。**答えは，解答用紙（２枚中の２）に記入しましょう。**

ゆうきさんたちのクラスでは，総合的な学習の時間に，「日常生活から環《かん》境を考える」を課題とした学習をしています。ゆうきさんたちの班《はん》では，「飲料容器の昔と今」について，調べることにしました。

(1)　ゆうきさんたちは，飲料の中でも普段《ふだん》飲むことが多いオレンジジュースなどの果実飲料の容器について調べる中で，次の**資料**を見つけました。この**資料**を見ながら，同じ班の人たちと**話し合い**をしました。

資料

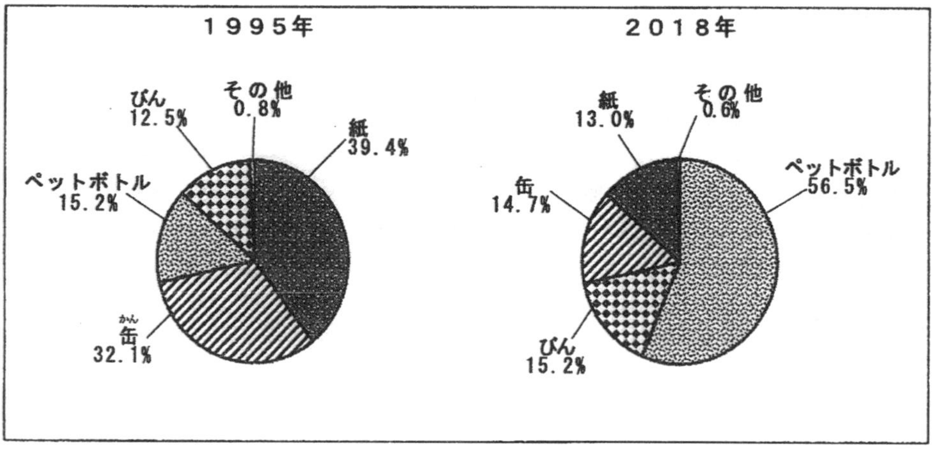

（一般《いっぱん》社団法人全国清涼《りょう》飲料連合会「2019年版清涼飲料水関係統計資料」により作成）

話し合い

友《とも》　子《こ》：この**資料**には，題名がなかったのだけれど，何を表しているのかな。

ゆうき：［　ア　］についての割《わり》合を，１９９５年と２０１８年で，それぞれ表しているのだと思うよ。

健《けん》　太《た》：１９９５年と２０１８年を比べて，最も大きな変化と言えるのは，どのようなことかな。

ゆうき：［　イ　］ということじゃないかな。

みずき：他にもいろいろな変化が見られるね。「飲料容器の昔と今」について，もっと調べてみようよ。

資料をもとに，**話し合い**の［　ア　］，［　イ　］に当てはまる言葉を，それぞれ考えて書きましょう。

(80字)

(3)

（１試合の時間）　　　　（分）

（理由）

(4)　（１字あけずに，「→」から横に書きましょう。また，段《だん》落での改行はしないで続けて書きましょう。）

→

(80字)

(100字)

ア

イ （グラム）

(4)

①

②　（１字あけずに，「→」から横に書きましょう。また，段《だん》落での改行はしないで続けて書きましょう。）

→

（80字）

（100字）

適性検査Ⅰ　解答用紙（２枚中の２）	（令和２年度）	受検番号		氏名	

【問題２】

(1)

ア

イ

(2)

①

②　（１字あけずに，「→」から横に書きましょう。また，段《だん》落での改行はしないで続けて書きましょう。）

→

(60字)

(80字)

適性検査Ⅰ　解答用紙（２枚中の１）　（令和２年度）

受検番号		氏名	

（配点非公表）

【問題１】

(1)

ア　（人）

イ　（%）

(2)

①

（チーム分け）

（試合のルール）

②　（１字あけずに，「→」から横に書きましょう。また，段《だん》落での改行はしないで続けて書きましょう。）

→

(2)　ゆうきさんと友子さんは，ペットボトルについて調べ，調べたことを，**メモ**や**資料**にまとめました。

メモ

・ペットボトル本体，ラベル，キャップは，それぞれ違う種類のプラスチックでできている。
・現在，プラスチックごみが大きな問題となっている。

資料

ペットボトルの販《はん》売量，回収《しゅう》量，回収率

	２００５年	２００９年	２０１３年	２０１７年
販売量	５３万トン	５６万５千トン	５７万９千トン	５８万７千トン
回収量	３２万７千トン	４３万７千トン	５２万９千トン	５４万１千トン
回収率	６１．７％	７７．３％	９１．４％	９２．２％

（ＰＥＴ《ペット》ボトルリサイクル推《すい》進協議会ホームページにより作成。しょうゆ，酒などの容器をふくむ）

①　ゆうきさんは，ペットボトルについて調べる中で，ペットボトルに付いているラベルには，ミシン目が入っているなど，はがしやすくなっているものがあることに気づきました。その理由について，書きましょう。

②　友子さんは，**資料**をまとめる中で，２００５年から２０１７年にかけて回収率が上がっていることに気づきました。しかし，販売量と回収量の差を考えると，今後さらに回収量を増やしていく必要があると考えました。

友子さんが，今後さらに回収量を増やしていく必要があると考えた理由について，**メモ**や**資料**の言葉や数字を使って，６０字以上８０字以内で書きましょう。

(3) 健太さんとみずきさんは，アルミ缶について調べたところ，次の**資料１～３**を見つけました。

資料１　環境への負担を減らす取り組み（ある製造会社のホームページより）

わたしたちは，環境のことを考えて，軽量化されたアルミ缶の開発に取り組んでいます。これからも，製造技術の向上につとめていきます。

資料２　消費されたアルミ缶数の変化

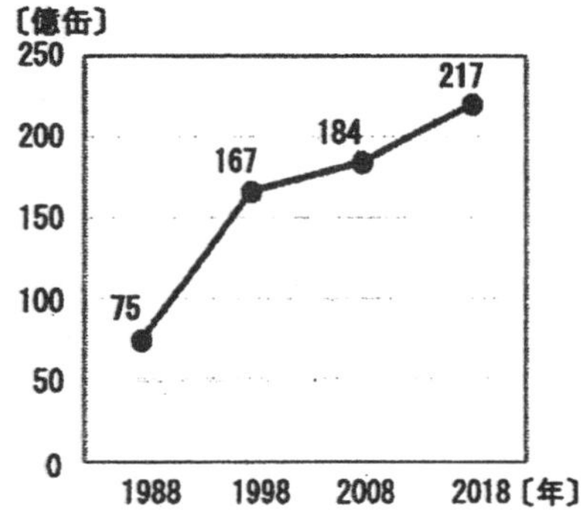

資料３　消費されたアルミ缶の重量の変化

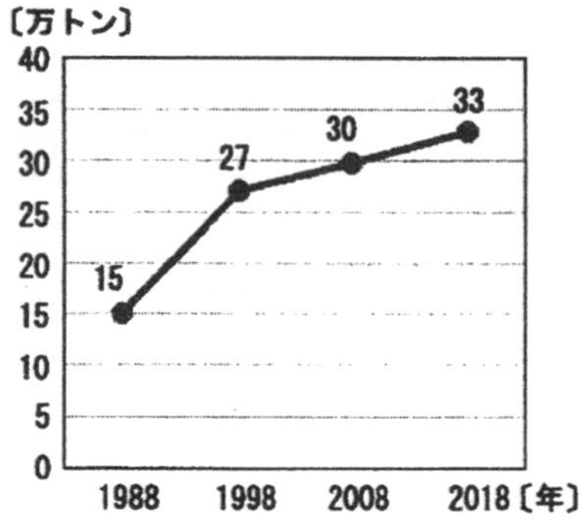

（資料２・資料３は，アルミ缶リサイクル協会ホームページ/環境省ホームページにより作成）

みずきさんは，２０１８年のアルミ缶１缶当たりの重さは，１９８８年と比べて，何グラム軽くなったか，計算したいと考えました。以下は，みずきさんが行った計算の手順です。みずきさんになったつもりで考えて，［　ア　］に当てはまる文章と，［　イ　］に当てはまる数字を書きましょう。

計算の手順

手順１　１９８８年と２０１８年それぞれについて，消費されたアルミ缶の重量の単位を，トンからグラムになおす。

手順２　①［　ア　］

②２０１８年のアルミ缶１缶当たりの重さについては，四捨《しゃ》五入して，一の位までのがい数にする。

手順３　１９８８年のアルミ缶１缶当たりの重さから，２０１８年のアルミ缶１缶当たりの重さを引くと，答えは，［　イ　］グラムとなる。

(4)　ゆうきさんたちは，これまでに班で調べたことをまとめ，発表するために，次のような**話し合い**をしました。

話し合い

友　子：ペットボトルについて調べた結果，回収率が上がっていることが分かったね。環境のことを考えると，これから，もっと上がるといいよね。
みずき：アルミ缶についても調べたけれど，昔に比べて容器が軽くなっていることが分かったよ。
ゆうき：最近，**間ばつ材を使ってつくられた紙の容器**も見かけるようになったよね。
健　太：間ばつ材を使えば，［　　　　　　　　］
友　子：製品をつくる側も，環境のことを考えているのだね。
みずき：そういえば，インターネットで，製品を「つくる責任」と「つかう責任」という言葉を目にしたことがあるよ。どのような意味かな。
ゆうき：製品を「つくる側」である生産者と，「つかう側」である消費者が，環境のことを考えて，互《たが》いに責任ある行動をとろうという意味ではないかな。
友　子：間ばつ材を使うことも，「つくる側」の責任ある行動の１つと言えるよね。
健　太：ぼくたちも，「つかう側」として責任ある行動をとることが大切だね。
ゆうき：そのために，日常生活でどのような工夫ができるかを，発表をとおして，クラスのみんなに伝えていこうよ。

①　［　　　　］に当てはまる言葉を，健太さんになったつもりで，書きましょう。

②　ゆうきさんは，「そのために，日常生活でどのような工夫ができるかを，発表をとおして，クラスのみんなに伝えていこうよ。」と言っています。どのような工夫ができると考えられますか。ゆうきさんになったつもりで，８０字以上１００字以内で書きましょう。

間ばつ材を使ってつくられた紙の容器

令和２年度

群馬県立中央中等教育学校入学者選抜

適 性 検 査 Ⅱ

（45分）

注 意 事 項《こう》

1 「始めなさい。」の指示があるまで，問題用紙を開いてはいけません。

2 問題は，１から５ページです。解答用紙は，１枚あります。

3 解答は，すべて，解答用紙の決められた場所に書きなさい。

4 「やめなさい。」の指示があったら，すぐに筆記用具を置き，問題用紙と解答用紙の両方を机《つくえ》の上に置きなさい。

問題　次の文章A～文章Cを読み、後の問一～四に答えなさい。

文章A

昔、一本の民族ドキュメンタリー・フィルムを見た。アフリカのどこかの村の暮《く》らしを淡々《たんたん》と撮影《さつえい》したもので、内容はよく覚えていないのだけれど、最後の場面がとても印象に残っている。

それは夕暮《ゆうぐ》れどき、二人の男が村はずれであいさつを交《か》わす場面だった。二人は別々の村に暮らしていて、ずいぶん久しぶりに再会したらしかった。夕闇《ゆうやみ》を背景《はいけい》に立つ二人は、淡々とこんな会話を交わす。

「おまえはやって来た」

「そう、おれはやって来た」

「そうだ、おまえはやって来た」

「そのとおり、おれはやって来た、おまえに会いにやって来た」

「おまえは元気そうだ」

「そう、おれは元気だ。元気でここにやって来た。元気でおまえに会いにやって来た」

「村では変わりはないか」

「ああ、変わりはない。いつものとおりだ」

「いつものとおりか。変わりはないのだな」

「変わりはない。××族のやつらはウシを盗《ぬす》みにやって来るし、△△のところにはまた子どもが生まれ、怠《なま》け者の○○は女房《にょうぼう》に尻《しり》を叩《たた》かれている……」

「そうか、いつものとおりか」

「ああ、いつものとおりだ」

「おまえは来た」

「ああ、おれはやって来た……」

二人は同じようなやりとりをいつまでもくりかえし、会話はとくに発展《はってん》することもない。民族誌映画《みんぞくしえいが》なので演出があるわけでもない。けれども、夕闇を背景に二つの黒い影《かげ》が交わす会話を聞いていて、思わず涙《なみだ》ぐみそうになった。どうして、そんな気持ちになったのか、自分でもうまく説明できない。相手がそこにいること、そして自分がここにいることを、くりかえし確かめるようなやりとりに、自分の生活に欠けている存在《そんざい》の確かさのようなものを感じたからかもしれない。

けれども、実際にアフリカを旅していると、長いあいさつは、かえって面倒《めんどう》だった。こっちは急いでいるのに、長い儀式《ぎしき》ばったあいさつがつづいたり、ほとんどなんの情報も含《ふく》まれていないやりとりをつづけなくてはならなかったりするのは、ときには苦痛《くつう》だった。質問をしてもストレートな答えが返ってくることはめったになく、ピントのずれたやりとりをつづけたあげく、結局、知りたいことはわからない、時間はむだになる、ということが重なるたびに、がっくりさせられたものだ。

しかし、エジプトで暮らしているうちに、あいさつとは、いわばキャッチボールのようなものだと気づいた。エジプトでは朝のあいさつは、「サバーフルヘイル」（よい朝を）、「サバーフンヌール」（光の朝を）というかけあいである。しかし、ときには「バラの花の朝を」「ジャスミンの朝を」「マメの花の朝を」というふうに、互《たが》いに花の名前を交互《こうご》にくりかえすというパターンもある。

そこでは情報の交換《こうかん》に意味があるのではない。言葉を投げては受け取り、また投げ返す、その時間の中に、コミュニケーションの回路ができてゆくのを楽しんでいるのだ。

具体的な情報のやりとりとは、いわば互いを利用し合うことである。相手から役に立つ情報を引き出し、その対価として相手が必要とする自分の情報をさしだす。それは等価交換、いわゆるギブ・アンド・テイクである。

けれども、「あいさつ」はそうではない。エジプトやアフリカの長いあいさつを聞いていて感じたのは、情報のやりとりよりも、互いが同じ場所と時間を共有していることをたしかめあうことのほうが、だいじらしいという思いだった。もちろん、そこには商売がらみのかけひきや腹《はら》の探《さぐ》りあいもあるだろう。それでも、直接の話題とは関係のない言葉のキャッチボールをくりかえすことで、なんともいえないまったりとした空間がそこに広がっていくのはほんとうだ。

この話にはまだ先がある。あるとき、久しぶりに会ったアフリカに暮らす友人がこんなことをいった。「ここでは人がかんたんに死んでしまう。日本では考えられないようなほんの些細《ささい》な原因で、それまで元気だった人が、まるで枝から葉っぱがおちるようにある日突《とつ》然《ぜん》、亡《な》くなってしまう」

《中略》

アフリカの医療《いりょう》事情の貧しさもさることながら、ぼくが圧倒《あっとう》されるのは、彼《かれ》らの日常が置かれている死と隣《とな》り合《あ》わせの「生」の危《あや》うさである。死は彼らのすぐかたわらに立っている。そして、彼らもそのことを知っている。

そんな現実を見るうちに、道ばたの靴磨《くつみが》きの少年や、片脚《かたあし》を引きずって歩く物売りのおやじ、下町の大道芸人《だいどうげいにん》などと言葉を交わすたびに、不謹慎《ふきんしん》かもしれないが、「彼らは来年も生きているのだろうか」という考えがいつも心をよぎるようになった。そして長い間、忘《わす》れていたあの民族誌映画で見た二人のやりとりの意味が、ようやくしみじみとわかるような気がした。

「おまえはやって来た」

「そう、おれはやって来た」

「そうだ、おまえはやって来た」

「そのとおり、おれはやって来た、おまえに会いにやって来た」

いまになってみれば、この執拗《しつよう》なくりかえしには、互いが元気で会えたことがどれほど奇跡《きせき》的なことなのかを言祝《ことほ》ぐ気持ちが込《こ》められていたことが、痛《いた》いほどわかる。

そのことを心から喜び、確かめるために、二人は「おまえはやって来た」となんどもくりかえしては、「そう、おれはやって来た」と切り返す。

ウシが盗まれるのも「いつものとおり」だし、夫婦《ふうふ》げんかも子どもの誕生《たんじょう》もやはり「いつものとおり」なのだ。それを確認《かくにん》し合い、ここにこうして生きて相まみえたことを祈《いの》るような美しい気持ちが、そのやりとりにはあふれていたのだ。

（田中真知『美しいをさがす旅にでよう』より）

【注】＊些細な…ちょっとした。
＊不謹慎…不まじめ。
＊大道芸人…路上で道行く人に芸を見せる人。曲芸や手品、ダンス、楽器の演奏《えんそう》などがある。
＊執拗な…しつこい。
＊言祝ぐ…喜びの言葉を伝えて祝う。
＊相まみえた…お互いに顔を合わせた。

文章B

直接かかわらないで、ただじっと見ている、あるいは何もしないでただ横にいるということが、ポジティヴな力になることがある。はじめての幼稚園《ようちえん》。母親にじっと見守られている、関心をもたれていることで、はじめてひとりで新しい仲間の輪のなかに入ってゆけたという思い出はだれにもあるだろう。見守るとともに、聴《き》くということにも、何もしないことが他人を深く支える、そういう力がある。じっさい、ひとは自分の落ち込んだ気持ちを、ひとに聴いてもらえると楽になる。他人に話したら、理解してもらえなくても、聴いてもらうだけでずいぶん楽になれる。

だれかにほんとうに聴いてもらいたくなるのは、鬱《ふさ》いでいるとき、でも自分でも何を訴《うった》えたいのかよくわからないときである。しかし聴くというのはなかなかにむずかしいことである。何か思いつめているときには、まず「言ったってわかるはずがない」と口が重くなるが、「ふん、ふん」とうなずかれると、「そんなにかんたんにわかられてたまるか」という反発が先に立つ。それが感染《かんせん》して、聴くほうも「わかるんだけどわかりたくない」と意固地《いこじ》にもなる。聴こうとするといやがるから、逆に鼻歌うたいながら用事でもしつつ聴くとはなしに聴く、くらいの感じではじめて口を開いてもらえるということもある。

しかし、聴くことがもっとむずかしいのは、聴いても言葉を返しようがないとあらかじめわかっているときである。

《中略》

が、それでもひたすら聴かねばならない。最後まで聴き切らねばならない。聴くだけ、言葉を受けとめるだけということが意味をもつのは、いったいどうしてか。

苦しみや鬱ぎのなかに溺《おぼ》れてしまっているひとが、それでもそれについて語るためには自分の苦しみや鬱ぎについて、どんなきっかけ、どんな経過でこんな苦しみや鬱ぎに襲《おそ》われることになったのか、その理由と考えられるものは何か、いまはどんな状態か、というふうに、苦しみや鬱ぎから身を引《ひ》き剥《は》がし、ことがらを時系列《じけいれつ》に並《なら》べ換《か》え、整理して語らねばならない。このように自分の苦しみや鬱ぎにある距離《きょり》をとり、それを対象化するなかで、それらとの関係が変わるということがここではとりわけ重要なのである。つまり、苦しみや鬱ぎを当初あったのとは別の地平へと移し変えるところに、他者を前におのれについて語ることの意味はある。語るということは、相手に回答をもらうということではない。見えない自分の姿《すがた》を映《うつ》すために、その鏡の役を相手にしてもらうことであるのだ。

が、鏡であるべき聴く者は、話の中身が重いし、しかも相手からなかなか言葉が漏《も》れてこないので、その緊迫《きんぱく》になかなか耐《た》えきれない。身を固くしてじりじりと待つだけで疲《つか》れはててしまう。そのうち待ちきれなくなって、「あなたが言いたいのはこういうことじゃないの？」と誘《さそ》い水《みず》を向ける。話すほうはその明快な語り口につい乗ってしまう。「わかってもらえた」、と。が、これはじつはもっともまずい聴き方なのだ。なぜなら、語ることの意味は、語ることによってみずからの閉塞《へいそく》から距離をとることにあるのに、そのチャンスを聴く側が横取りしてしまうからだ。これでは聴くことにならない。

（鷲田清一『わかりやすいはわかりにくい？』ちくま新書より）

【注】＊ポジティヴな…前向きな。
＊鬱いでいる…気持ちが晴れず暗くなっている。
＊意固地…意地を張ってがんこなこと。
＊時系列に…ものごとが起こった順番通りに。

(1)

(2)

問四

受検生用１

パーソナルプレゼンテーション（PP）について

１　事前課題

良い学校を創るためにあなたがするべきこと

２　当日までの準備

(1)　事前課題について，体験をもとに自分の考えをまとめてください。

(2)　自分の考えを伝えるための**言葉（４文字以内）または絵のいずれか一方**を発表用紙にかいてください。

(3)　作成した発表用紙を，出願手続時に配付された［受検生用］封筒に入れ，選抜検査当日に持ってきてください。

３　PPの順序

(1)　検査室への入室: 準備した発表用紙を持って入室します。

(2)　事前課題の発表: 事前課題について，自分の考えを発表します。

(3)　当日課題の発表: 当日課題について，自分の考えを発表します。

(4)　検査室からの退室：発表用紙を置いて退室します。

４　注意事項

(1)　発表用紙

①　コンピュータやカメラなどを使用して作成したものは使えません。

②　A3判の大きさであれば，配られたものと違《ちが》う紙を使ってもかまいません。その際には，受検番号と名前を裏《うら》に記入してください。

(2)　発表方法

①　発表用紙を黒板に貼り，立って発表します。

②　事前課題の発表時間は２分間です。

③　発表用紙以外のものは使用できません。

（この余白は自由に使いましょう。）

【課題１】

あなたが資料を読んで考えたことを次の〈条件〉にしたがって書きましょう。

〈条件〉

(1) 一段落目に、この資料を通して作者が伝えたいことを書きましょう。

(2) 二段落目以降に、(1)をふまえて、あなたがこれからの六年間でどのような自分になりたいかを、自分が見たり聞いたりしたことや体験したことを入れて書きましょう。

(3) 題名を書かずに一行目からあなたの考えを書きましょう。

(4) 四百字以上、六百字以内にまとめて書きましょう。

【課題２】

あなたが作文で伝えたかったことを、短い言葉で書きましょう。

出典　エリック・カール　再話・絵　木坂涼　訳　（二〇一七）
『エリック・カールのイソップものがたり』「カラスとクジャク」、偕成社

【課題２】

ということ。

400字

500字

600字

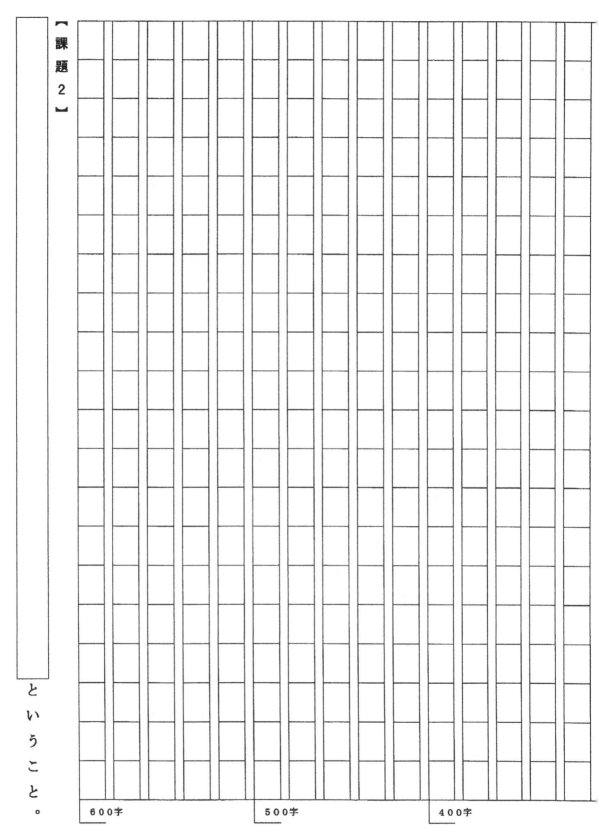

令和二年度　太田市立太田中学校入学者選抜

作文　解答用紙

【課題１】

受検番号

氏名

（二十字×三十行）

１００字

２００字

字

（配点非公表）

【問題】

次の資料を読んで、あとの【課題】に答えましょう。

令和二年度

太田市立太田中学校入学者選抜

作文

（45分）

受検番号
氏名

注意事項

一　「始めなさい。」の指示があるまで、問題用紙を開いてはいけません。

二　問題用紙と解答用紙は、それぞれ一枚ずつです。

三　作文は解答用紙に書きましょう。

四　「やめなさい。」の指示があったら、すぐに筆記用具を置き、問題用紙と解答用紙の両方を机の上に置きましょう。

教英出版

受検生用2

パーソナルプレゼンテーション事前課題発表用紙

受検番号	

名　　前	

※　自分の考えを伝えるための言葉（4文字以内）または絵のいずれか一方を，

この裏《うら》の□の中にかいてください。

適性検査Ⅱ　解答用紙

（令和二年度）

受検番号	
氏名	

（配点非公表）

【問題】

問一

問二

＊緊迫…緊張《きんちょう》。
＊誘い水を向ける…相手が話しやすいように仕向ける。
＊閉塞…ふさぎこんだ気持ち。

文章C

〔野球が大好きな少年、太郎《たろう》は、父親の転勤《てんきん》でアメリカにやって来た。しかし、なかなかアメリカでの生活になじめず、英語も口にすることができないでいた。そんな太郎を、母親である「私《わたし》」は、心配しながら応援《おうえん》している。〕

著作権に関係する弊社の都合により
本文は省略いたします。

教英出版編集部

（小国綾子『アメリカの少年野球こんなに日本と違《ちが》ってた』より）

【注】＊極端に…なみはずれて。
＊物心ついた…世の中のことがなんとなくわかりはじめた。

問一　文章A中に、傍線部《ぼうせんぶ》「どうして、そんな気持ちになったのか、自分でもうまく説明できない」とありますが、筆者は、涙ぐみそうになった理由をその後どのように考えましたか、書きなさい。

問二　文章Bについて、筆者が指摘《してき》する「聴くこと」のむずかしさを感じた、あなた自身の体験談を書きなさい。

問三　文章Cの太郎との関わり方について、次の(1)、(2)に答えなさい。

(1)あなたが太郎の親の立場だったら、太郎とどのように関わりますか。文章Bをふまえて、自分の考えとその理由を書きなさい。

(2)あなたが太郎のアメリカのクラスメートだったら、太郎とどのように関わりますか。文章Aまたは文章Cをふまえて、自分の考えとその理由を書きなさい。ただし、あなたは英語が母国語で、日本語は話せないこととします。

問四　文章A～文章Cの三つの文章をふまえ、コミュニケーションについて、あなたが大切だと考えたことを書きなさい。

平成３１年度

群馬県立中央中等教育学校入学者選抜
伊勢崎市立四ツ葉学園中等教育学校入学者選抜
太田市立太田中学校入学者選抜

適性検査Ⅰ

（45分）

注意事項《こう》

1　「始めなさい。」の指示があるまで，問題用紙を開いてはいけません。
2　問題は，１ページから８ページまであります。解答用紙は，２枚《まい》あります。
3　解答は，すべて，解答用紙の決められた場所に書きなさい。
4　「やめなさい。」の指示があったら，すぐに筆記用具を置き，問題用紙と解答用紙の両方を机《つくえ》の上に置きなさい。

＃教英出版 編集部　注
編集の都合上、解答用紙は表裏１枚にまとめてあります。

【問題１】

次の文章を読んで，(1)から(4)の問いに答えましょう。答えは，解答用紙（２枚中の１）に記入しましょう。

広志《ひろし》さんの小学校では，１年生から６年生までがいっしょに活動を行う「なかよしタイム」があります。２学期最後の「なかよしタイム」では，自分たちでこんだてを決め，１年生から６年生までを交えたグループをつくって給食を食べる，「なかよし給食」を行うことになりました。そこで，広志さんたち６年生は，どのようなこんだてが良いか，全学年にアンケートを行いました。**表**は，アンケートの結果です。

表　（単位：人）

順位	主食		飲み物		主なおかず		その他のおかず		デザート	
1	あげパン	194	コーヒー牛乳《にゅう》	282	オムレツ	162	チキンナゲット	79	チョコケーキ	80
2	わかめごはん	85	ドリンクヨーグルト	120	ハンバーグ	68	大学いも	74	ドーナツ	72
3	ミートソーススパゲティ	57	牛乳	53	肉じゃが	54	大根サラダ	71	りんご	70
4	ラーメン	45			マーボーどうふ	43	フライドポテト	62	プリン	63
5	ロールパン	27			白身魚フライ	34	ゆで卵《たまご》	54	みかん	60

(1)　広志さんたちは，**表**を見ながら，次のような**話し合い**をしました。

話し合い

広　志：アンケートでは，「主食」，「飲み物」，「主なおかず」，「その他のおかず」，「デザート」について，ふだんの給食のこんだての中から，全員に１つずつ好きなものを書いてもらって，それぞれ上位５位までを**表**にまとめたよ。これを見ながら，「なかよし給食」のこんだてを考えようよ。

由《ゆ》　美《み》：まず，あげパンと，コーヒー牛乳，オムレツの３つをこんだてに入れたいな。理由は，［　ア　］

太《た》　郎《ろう》：由美さんの意見に賛成だよ。でも，ほかのものはどう選んだらいいのかな。

理《り》　子《こ》：家庭科の授業で学習した栄養のバランスを考えたらどうかな。「エネルギーのもとになる食品」と「体をつくるもとになる食品」，「体の調子を整えるもとになる食品」があったよね。

太　郎：そうだね。そのことから考えてみると，「その他のおかず」は，［　イ　］

由　美：そうね。授業で学んだことと言えば，社会科の時間に，先生が，いつも食べている給食には地元でとれたものがたくさん使われている，と言っていたよ。

広　志：地産地消のことだね。地産地消にはいいところがたくさんあってね，［　ウ　］

太　郎：それなら「デザート」は，地産地消を考えて選ぼうよ。

理　子：りんごなら，群馬県のものがあるよね。

広　志：そうしよう。これで，こんだては決まりだね。全校のみんなに伝えるときには，こんだてだけではなくて，決めた理由についても伝えたいね。

① 由美さんが，あげパンとコーヒー牛乳，オムレツの３つをこんだてに入れたいと言っているのはなぜですか。表から考え，由美さんになったつもりで，［ア］に理由を書きましょう。

② あなたなら，「その他のおかず」として，表の中から何を選びますか。太郎さんになったつもりで，［イ］に「その他のおかず」と選んだ理由を書きましょう。

③ 地産地消には，どのような良いところがありますか。広志さんになったつもりで，［ウ］に文章を書きましょう。

(2) こんだてとそれを決めた理由について，広志さんたちは，「なかよし給食」の当日に，放送を使って全校に伝えることにし，広志さんが放送原こうを書くことになりました。広志さんになったつもりで，１４０字以上１６０字以内で書きましょう。

ただし，「その他のおかず」は，(1)の②で選んだものを入れて書くこと。

(3) 「なかよし給食」を終えた広志さんたちは，各学年から出された感想をまとめたところ，次のような，給食を食べているときの課題が見つかりました。広志さんたちは，この課題を解決し，もう一度，同じ人たちでグループをつくって，給食を食べたいと考えました。あなたならどんな解決の方法を提案しますか。具体的な方法を２つ書きましょう。

課題

同じ学年の相手とだけ会話をしている人や，ほとんど会話に参加できない人がいて，グループ全員で楽しく会話をすることができなかった。

(4)　広志さんたちは，３学期の「なかよしタイム」で，もう一度同じ人たちでグループをつくって給食を食べました。その後，広志さんたちが，次のような**話し合い**をしました。

話し合い

広　志：２回目にみんなで給食を食べた後では，どの学年の人とも話ができて楽しかった，という声が聞こえたよ。
由　美：「なかよしタイム」では，反省を生かすことがとても大事だね。
太　郎：計画をしっかり立てることも大切だよ。「なかよし遠足」のときには，１年生が迷子になってしまわないか心配だったけれど，事前に６年生で役割《わり》を決めておいたことで，当日はトラブルがなくて，良かったと思ったことを覚えているよ。
広　志：「なかよしドッジボール」では，低学年の子たちがボールをこわがっていることに気づいた由美さんが，低学年の子たちの気持ちを考えるようにと，みんなに伝えてくれたね。
理　子：５年生に，わたしたちの経験を伝えたいな。「なかよしタイム」の１年間をふり返って，模《も》造紙にまとめて５年生の教室のかべにはってもらうのはどうかな。
太　郎：写真や，みんなからの感想があると，どんなことをやってきたかわかるね。
由　美：そうね。**みんなで楽しめる「なかよしタイム」にするために大事なこと**を，わかりやすく整理して伝えましょうよ。
広　志：５年生に楽しく見てもらうための工夫も必要だよね。**チャレンジコーナー**をつくって，みんなが楽しんで考えられるような問題を出してみたいな。今回の「なかよしタイム」は給食だったから，食べ物を使った問題をつくってみようよ。
理　子：模造紙のレイアウトを，ノートに書いてみたよ。全体的には，こんな配置でどうかな。
広　志：ありがとう。それでは，さっそく分担《たん》して作業を始めようよ。

理子さんがノートに書いた模造紙のレイアウト →

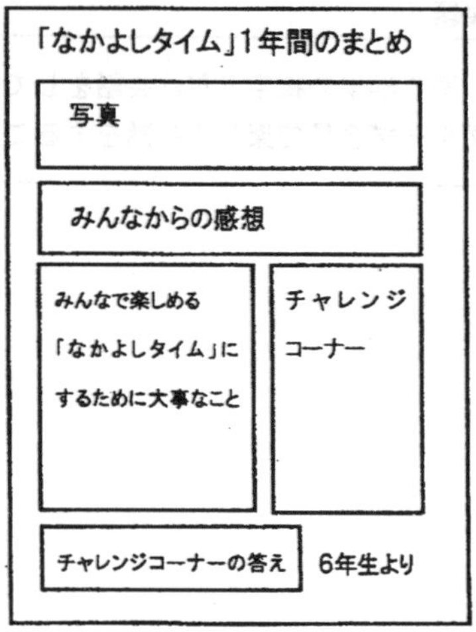

① 話し合いの内容をもとに，みんなで楽しめる「なかよしタイム」にするために大事なことを，活動の前，活動中，活動の後に分けて，それぞれ書きましょう。

みんなで楽しめる「なかよしタイム」にするために大事なこと

（活動の前）・・・
（活 動 中）・・・
（活動の後）・・・

② 広志さんたちは，チャレンジコーナーを，次のようにつくりました。答えは，模造紙の一番下に書いておく予定です。どのような答えになりますか。チャレンジコーナーの答えを書きましょう。

チャレンジコーナー

みんなでチャレンジ！！

「卵の体積を量ってみよう！」

「なかよし給食」では，
オムレツに使われていたよ。

学校にある次のものを使って，卵１個の体積を量る方法を考えよう。

ここがポイント
・卵を割ってはだめだよ。
・下の〔使えるもの〕に書かれた説明が手がかりだよ。

〔使えるもの〕

「メスシリンダー」
細くて卵は
入らない。

「コップ」
卵がすっぽり入る。

「皿」
卵の高さより
浅い。

「水」
卵は水にしずむ。

チャレンジコーナーの答え

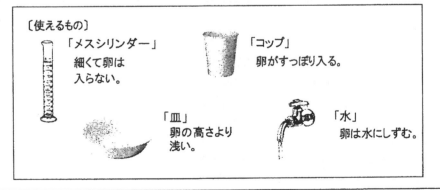

【問題２】

次の文章を読んで，(1)から(3)の問いに答えましょう。**答えは，解答用紙（２枚中の２）に記入しましょう。**

春香《はるか》さんたちのクラスでは，総合的な学習の時間に，日本と外国との関わりをテーマにした，班《はん》別の学習をすることになりました。春香さんは，家族旅行で群馬県内のホテルに宿はくしたとき，何人かの外国人に出会った経験から，外国人旅行者について調べ，**メモ１**と**メモ２**をつくりました。

(1)　春香さんは，**メモ１**と**メモ２**を見ながら，同じ班の人たちと**話し合い**をしました。

メモ１

全国と群馬県の旅行者の人数

（平成２９年のホテル・旅館等への宿はく者数）

＜全国＞

	人　数	47都道府県平均人数
旅　行　者　全　体	約５億９６０万人	約１０８４万人
そのうちの外国人	約７９６９万人	約１７０万人

＜群馬県＞

	人　数　（全国順位）
旅　行　者　全　体	約８７６万人（１８位）
そのうちの外国人	約２９万人（３０位）

メモ２

群馬県の外国人旅行者数の変化

（ホテル・旅館等への宿はく者数）

平成２４年	６万９２４０　人
平成２５年	１０万８９３０　人
平成２６年	１１万２２８０　人
平成２７年	１６万　３４０　人
平成２８年	２１万４３５０　人
平成２９年	２９万１４６０　人

（メモ１・メモ２は観光庁《ちょう》「H24～H29 宿泊《はく》旅行統計」により作成，宿はく者数はのべ人数）

(2)

(3)

①
ア

② （１字あけずに，「→」から横に書きましょう。また，段《だん》落での改行はしないで続けて書きましょう。）

イ
→

（100字）

（120字）

適性検査Ⅰ　解答用紙（２枚中の２）　（平成３１年度）

受検番号		氏名	

【問題２】

(1)

①

ア

②

③

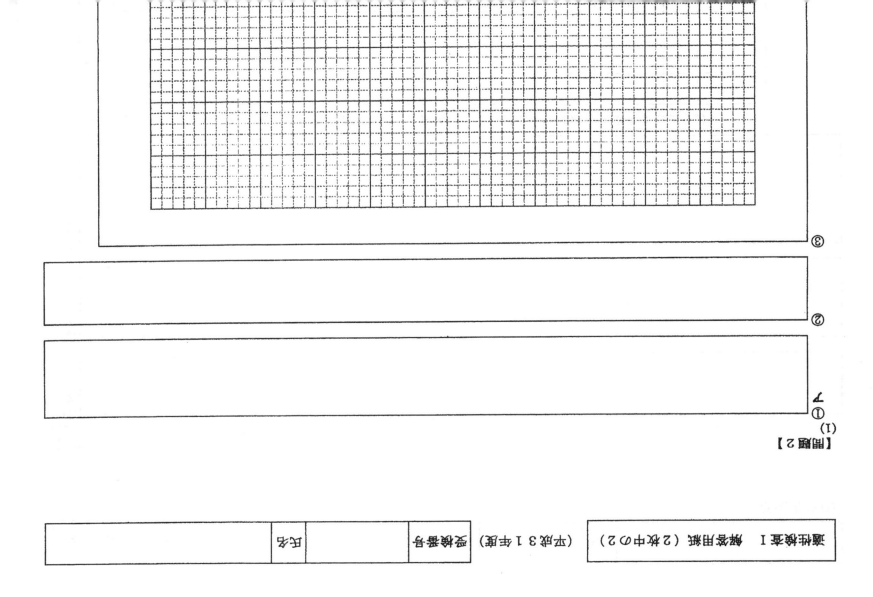

（140字）

（160字）

(3)

(4)

①

（活動の前）

（活動中）

（活動の後）

②

適性検査Ⅰ　解答用紙（２枚中の１）	（平成３１年度）	受検番号		氏名	

（配点非公表）

【問題１】

(1)

①ア

②イ

③ウ

(2)　（１字あけずに，「→」から横に書きましょう。また，段《だん》落での改行はしないで続けて書きましょう。）

→

話し合い

勇《ゆう》一《いち》：**メモ１**を見てみると，群馬県の旅行者全体の人数は，他の都道府県と比べて少ないね。

さやか：そうかな。私《わたし》は多い方だと思うけど。

航《こう》平《へい》：２人のとらえ方がちがうのは，

[　　　　　　　　ア　　　　　　　　]

さやか：外国人旅行者については，群馬県はどうなのかな。人数を見ると少ないね。

春　香：旅行者全体に対する外国人旅行者の割合を見ても，群馬県は，全国と比べて少ないよ。

勇　一：でも，**メモ２**を見ると，外国人旅行者は年々増えているね。これからも増えていくんじゃないかな。

春　香：それなら，わたしたちも外国人旅行者について，もっとくわしく調べてみましょうよ。例えば，外国人旅行者が，何か困《こま》っていることはないのかな。

さやか：そうね。わたしたちの班の課題は，「外国人旅行者が困っていることについて調べ，その改善策《ぜんさく》を考える」にしたらどうかな。

勇　一：いいと思うよ。そうしよう。

① 群馬県の旅行者全体の人数について，勇一さんは「少ない」と言い，さやかさんは「多い」と言っています。２人のとらえ方が分かれた理由を**メモ１**から考え，航平さんになったつもりで，[　ア　] に書きましょう。

② 春香さんが，「旅行者全体に対する外国人旅行者の割合を見ても，群馬県は，全国と比べて少ないよ。」と言っている理由を，言葉や数字を使って説明しましょう。

③ 春香さんたちは，課題を決めた理由について，クラスの人たちに資料を示して説明します。**メモ２**の内容については，グラフで示すことにしました。どうすればわかりやすく示せるかを考え，グラフをかきましょう。

ただし，線を引く場合は，定規を使わずにかいてかまいません。

(2)　春香さんたちは，これからの学習の進め方について，次のような計画を立て，インターネットも使って情報を集めようとしています。インターネットで調べた情報をあつかうときには，どのようなことに注意したらよいか，考えて書きましょう。

計画

1　「外国人旅行者が困っていること」に関する情報を集める。
・外国人旅行者に接するいろいろな人にインタビューする（観光案内所，ホテル，レストラン，おみやげ店など）。
・インターネットで外国人旅行者に関係することを調べる。
・図書館の本や資料を使って，外国人旅行者に関係することを調べる。
2　集めた情報を整理する。
3　整理した情報をもとに，改善策を考える。
4　考えた改善策をまとめ，改善策を生かす方法を話し合う。
↓
次の活動へ

(3)　春香さんたちは，調べたことを次のように資料Aと資料Bにまとめ，話し合いをしました。

資料A

「日本を訪《おとず》れた外国人が旅行中に困ったこと」
○　係員や店員との会話ができない。
○　観光案内板，地図などで，英語などの外国語で書かれた表示が少ない。
→　どんなときに困ったのか？
・レストランで料理を選ぶとき
・商品の使い方などについて説明を聞きたいとき
・目的地までの行き方を調べるとき　　など

（観光庁「『訪《ほう》日外国人旅行者の受入環《かん》境整備における国内の多言語対応に関するアンケート』結果」により作成）

資料B

標識とその意味

（非常ボタン）　（けい帯電話使用禁止）　（情報コーナー）　（忘《わす》れ物取りあつかい所）

（観光庁「観光立国実現に向けた多言語対応の改善・強化のためのガイドライン」により作成）

話し合い

さやか：**資料A**を見ると，外国人旅行者は，日本語がわからなくて困っているようね。

勇　一：そうだね。ところで，**資料B**のような標識は，禁止や注意，非常時の情報提供《きょう》のために，日本中で同じものが使われているんだよ。見ただけですぐに意味が伝わるから，外国人にとっても，いざというとき役に立つと思うよ。

航　平：例えば，**資料A**にあるように，目的地までの行き方がわからなくて困ったときには，情報コーナーを示す標識が役に立ちそうだね。それなら，それぞれの標識がもっと目立つように，デザインをいろいろと工夫してみたらどうかな。

さやか：勝手にデザインを変えてしまうのはよくないと思うよ。
理由は，［　ア　］

春　香：ほかにどんなときに困っているのか，**資料A**を見てみましょうよ。確かに，レストランで日本語で書かれたメニューしかなかったり，買い物をするときにお店の人と会話ができなかったりすれば，困るでしょうね。

航　平：せっかく外国から来たのだから，気持ちよく料理を食べてほしいし，気に入ったものを買ってもらいたいよね。レストランやお店の人たちがどんな工夫をすれば，外国人旅行者の役に立つのかな。言葉にたよらない方法があるといいね。

勇　一：［　イ　］

さやか：それはいい考えね。このことについて，もっと調べたりまとめたりして，レストランやおみやげ店などに提案できたらいいかもしれないね。

春　香：そうね。次は，提案先や提案の仕方についても，みんなで考えていきましょう。

①　**資料B**のような標識について，さやかさんが，勝手にデザインを変えてしまうのはよくないと言っているのはなぜですか。さやかさんになったつもりで，［　ア　］に理由を書きましょう。

②　航平さんは「レストランやお店の人たちがどんな工夫をすれば，外国人旅行者の役に立つのかな。言葉にたよらない方法があるといいね。」と言っています。どんな方法が考えられますか。勇一さんになったつもりで，［　イ　］に１００字以上１２０字以内で書きましょう。

平成３１年度

群馬県立中央中等教育学校入学者選抜

適 性 検 査 Ⅱ

（45分）

注 意 事 項《こう》

1　「始めなさい。」の指示があるまで，問題用紙を開けてはいけません。
2　問題は，２ページです。解答用紙は１枚です。
3　解答は，すべて，解答用紙の決められた場所に書きなさい。
4　「やめなさい。」の指示があったら，すぐに筆記用具を置き，問題用紙と解答用紙の両方を机《つくえ》の上に置きなさい。

問題　次の文章を読み、後の問一～三に答えなさい。

中学三年生の西村さんは、九月からの転校生。転校して一ヶ月足らずのうちに、同じクラスの由香《ゆか》さんが入院することになった。クラスで由香さんにお見舞《みま》いを贈《おく》る話が持ち上がったとき、西村さんの提案によって、みんなで千羽鶴《せんばづる》を折ることが決まった。その後、放課後や昼休みを利用して千羽鶴づくりを開始するが、思った以上に時間がかかりそうだった。宿題にすれば少しはペースが上がるはずだが、受験勉強に本腰を入れるこの時期、みんなに無理を言うわけにもいかないのだった。

帰り道、瀬川《せがわ》ちゃんは「こんなに折り紙したのって幼稚園《ようちえん》の頃《ころ》以来だね」と自分の肩《かた》を揉《も》んだ。ミヤちゃんも指が痛《いた》くなったらしく、じゃんけんのグーとパーを繰《く》り返して、「ちょっとがんばりすぎたかも」と言った。実際、みんながんばってくれた。がんばりすぎて、五時をまわっても教室に居残っていたので、見回りに来た先生に注意されたほどだった。

「明日は、湿布《しっぷ》とか持ってくるから」

きみが言うと、二人は「そこまでしなくていいよお」「西村さん、優《やさ》しすぎーっ」と笑った。

「でも、このペースだったら、あと四、五日で終わるから」

励《はげ》ましたつもりだったが、瀬川ちゃんは「うえっ、まだけっこうあるじゃん」と顔をしかめ、ミヤちゃんも「卒業までででいいってことにしない？」と言いだした。

二人とも冗談《じょうだん》の表情や口調だったことを確かめて、きみは「だめだよお」と笑った。「だって、あんまり時間がかかりすぎると退院しちゃうでしょ」

すると、二人はちょっと困《こま》ったような顔を見合わせて、瀬川ちゃんが、いいよわたしが言うから、とミヤちゃんに目配せした。

「あのね、西村さん……由香ちゃん、もう退院できないかもしれないよ」

「……そんなに悪いの？」

「悪いっていうか、治らないんだって、腎臓《じんぞう》」

一学期に入院したときも、容態はかなり悪かった。集中治療室《ちりょうしつ》に入っていた時期もあるらしいし、危篤《きとく》になったという噂《うわさ》も流れた。

「だから、西村さんも千羽鶴はあせんなくていいと思うよ」

「……お見舞いはどうなってるの？」

「って？」

「だから、順番決めてお見舞いに行ったりとか」

二人はまた顔を見合わせて、今度はミヤちゃんが「一学期のころは、たまに行ってる子いたけどね」と言った。「でも、みんなで行っちゃうと、かえって迷惑《めいわく》じゃん？」

「それに、あの子ほんとに無口だから、五分も話つづかないもんね」と瀬川ちゃんが言う。

「そうそうそう、お母さんが気をつかっちゃって話しかけてくるから、かえって困《こま》っちゃうんだよね」「うちらは小学校の頃から知ってるからいいけど、他の子、由香ちゃんのことあんまりよく知らないでしょ」「三年で初めて一緒《いっしょ》になった子とか、ほとんどしゃべったこともないんじゃない？」「今年なんか学校に来た日のほうが少ないでしょ」「言えたー、もう卒業できないよね、どっちにしても」「そういうの考えるとさー、元気なうちらがお見舞いに行って、受験とか高校の話とかしちゃうと、かわいそうかもよ」「うん、だからさ、西村さん、千羽鶴でいいんだと思うよ。受験前に千羽鶴折るだけでも、けっこう友情じゃん」……。

《中略》

一週間が過ぎた。

問三（一字あけずに書きましょう。また、段落での改行はしないで、続けて書きましょう。）

250 200 100

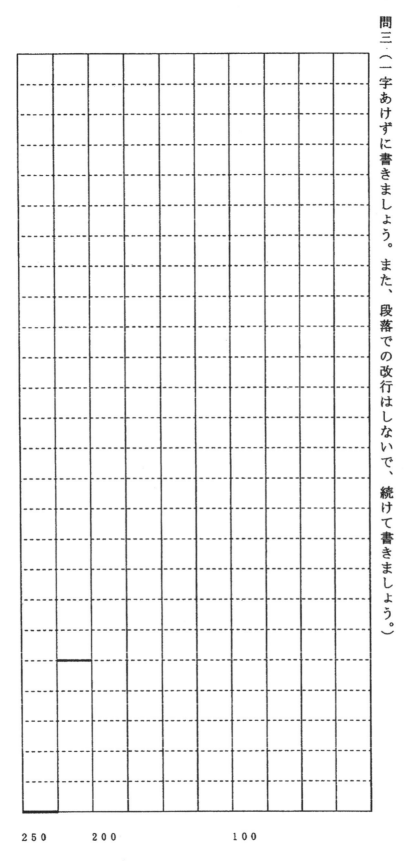

受検生用1

パーソナルプレゼンテーション（PP）について

1　事前課題

～群馬県をはじめ、すべての学校で「いじめ・差別」をなくす取組をしています～

『いじめ・差別』をなくすために、あなたができること

2　当日までの準備

(1)　事前課題について，体験をもとに自分の考えをまとめてください。

(2)　自分の考えを伝えるための**言葉（4文字以内）または絵のいずれか一方**を発表用紙にかいてください。

(3)　作成した発表用紙を，出願手続時に配付された 受検生用 封筒に入れ，選抜検査当日に持ってきてください。

3　PPの順序

(1)　検査室への入室：準備した発表用紙を持って入室します。

(2)　事前課題の発表：事前課題について，自分の考えを発表します。

(3)　当日課題の発表：当日課題について，自分の考えを発表します。

(4)　検査室からの退室：発表用紙を置いて退室します。

4　注意事項

(1)　発表用紙

①　コンピュータやカメラなどを使用して作成したものは使えません。

②　A3判の大きさであれば，配られたものと違《ちが》う紙を使ってもかまいません。その際には，受検番号と名前を裏《うら》に記入してください。

(2)　発表方法

①　発表用紙を黒板に貼り，立って発表します。

②　事前課題の発表時間は2分間です。

③　発表用紙以外のものは使用できません。

【太田中 作】

（この余白は自由に使いましょう。）

300字

400字

500字

600字

作文　解答用紙

平成三十一年度
太田市立太田中学校
入学者選抜

受検番号

氏　名

（配点非公表）

（二十字×三十行）

100字

200字

【問題】　資料を読んで、次の《条件》に合うように作文を書きましょう。

時は２２１７年。コンピュータは飛躍的《ひやくてき》な進歩を遂《と》げました。人の脳を完璧《かんぺき》に解析《かいせき》し、その人の記憶や性格まで導き出してしまいます。そして、そこから未来を予測できるようになったのです。

人々はコンピュータに自分の子供を解析《かいせき》させ、最も適した職業を選ぶこともできます。自分の好みを分析《ぶんせき》させて住みたい街を選ばせたり、自分の能力を分析《ぶんせき》させて才能のある道を見つけ出したり、読みたい本はコンピュータが瞬時《しゅんじ》に選んでくれたりと便利なことばかりです。企業《きぎょう》の側から見ても、会社に必要な脳を選ぶことができるようになり、スカウトもコンピュータが自動でやってくれます。

自分の能力がどれほどのものなのか現状がわかるだけでなく、現在の脳の状態から未来も予測することができます。無駄《むだ》な努力をすることもなくなり、人生を無駄《むだ》なく送ることができるようになりました。

結婚《けっこん》も一気に身近なものになりました。自分の脳情報をコンピュータに登録し、自分に合った異性をコンピュータに見つけさせ、一度も会うことがなくとも運命の人が見つかります。この機能により顔も知らぬまま結婚《けっこん》を決める人さえいるほどです。

警察も難しい捜査《そうさ》を行う必要さえなくなります。事件が起これば少しでも疑いのある人を片《かた》っ端《ぱし》から捕《つか》まえてコンピュータに脳を調べさせれば、瞬時《しゅんじ》に記憶《きおく》が検索《けんさく》され、犯人かそうでないかがわかります。

このため、犯罪率そのものが低下し、街は以前より安全になりました。それどころか将来犯罪を起こしそうな人までわかるようになりました。犯罪を起こす確率が高い人はあらかじめ逮《たい》捕《ほ》して更生《こうせい》プログラムを受けさせることが可能になったのです。これでさらに街の安全度は上がります。

国は国民の平和と安全と快適な生活、そして国の発展の為《ため》に12歳《さい》以上の国民に１年に一度脳情報を登録することを義務づけました。

果たしてこれは望むべき未来の姿なのでしょうか？

（北村良子『論理的思考力を鍛える33の思考実験』〈彩図社〉より）

《条件》

① 一段落目に、このような未来についてあなたはどう考えるかを、理由をふくめて書くこと。

② 二段落目からは、これからあなたが生きていく上で大切にしたいことについて、自分の体験や生活に関わらせて書くこと。

③ 四百字以上六百字以内（三〜四段落）で書くこと。

【太田中 作】

平成三十一年度

太田市立太田中学校入学者選抜

作文

（45分）

受検番号
氏　名

注意事項

一　「始めなさい。」の指示があるまで、問題用紙を開いてはいけません。

二　問題用紙と解答用紙は、それぞれ一枚ずつです。

三　作文は解答用紙に書きましょう。

四　「やめなさい。」の指示があったら、すぐに筆記用具を置き、問題用紙と解答用紙の両方を机の上に置きましょう。

受検生用 2

パーソナルプレゼンテーション事前課題発表用紙

受検番号	

名　　前	

※　自分の考えを伝えるための言葉（4 文字以内）または絵のいずれか一方を，この裏《うら》の □ の中にかいてください。

問二

問一

【問題】

適性検査Ⅱ　解答用紙

（平成三十一年度）

受検番号	
氏名	

（配点非公表）

【問題】

問一

問二

（①クラスのみんなの置かれている状態から）

[illegible]

千羽鶴は、まだ完成していない。

みんなが盛《も》り上がったのは、結局、最初の二日間だけだった。中間試験が近づいたこともあって放課後の居残りは「忙《いそが》しい子は休んでもOK」から「時間のある子だけ残る」になり、昼休みの集まりも極端《きょくたん》に悪くなった。和歌子《わかこ》ちゃん達の始めたバスケットボールが別のクラスにも広がって、フリースローのクラス対抗戦《たいこうせん》になってしまったせいだ。

文句は言えない。これは自由参加で、強制する筋合《すじあ》いのものではなく、出しゃばったことを言うと、きっと反発されて、反感を買って、嫌《きら》われる。

きみは一人で鶴を折りつづける。朝のホームルーム前も、昼休みも、放課後も、家に帰ってからも、そして授業中まで……。

（重松清『きみの友だち』新潮文庫刊より）

【注】＊きみ…本文中の「きみ」とは、西村さんをさす。西村さんのことを作者が呼びかけている表現。
＊千羽鶴…数多くの折り鶴を糸に通してつなげたもの。
＊危篤《きとく》…病気の状態が重く、命があぶないこと。
＊中間試験…学期を半分過ぎたころに行うテストのこと。
＊朝のホームルーム…教室で行う朝の会のこと。

問一　クラスでつくった千羽鶴を贈ることで、由香さんへどのようなメッセージを伝えられると思いますか。あなたの考えを書きなさい。

問二　クラスの人たちは、なぜ千羽鶴づくりに熱心に取り組まなくなってしまったのですか。その理由を次の二点に着目して書きなさい。

①　クラスの人たちの置かれている状態

②　クラスの人たちが由香さんについて思っていること

問三　あなたがこのクラスの一員だとしたら、このあとどのように行動しますか。また、その理由は何ですか。あなたの考えを、二百二十字以上二百五十字以内で書きなさい。

平成３０年度

群馬県立中央中等教育学校入学者選抜
伊勢崎市立四ツ葉学園中等教育学校入学者選抜
太田市立太田中学校入学者選抜

適　性　検　査　Ⅰ

(45分)

注　意　事　項《こう》

1　「始めなさい。」の指示があるまで，問題用紙を開いてはいけません。
2　問題は，１ページから１０ページまであります。解答用紙は，#2枚《まい》あります。
3　解答は，すべて，解答用紙の決められた場所に書きなさい。
4　「やめなさい。」の指示があったら，すぐに筆記用具を置き，問題用紙と解答用紙の両方を机《つくえ》の上に置きなさい。

#教英出版 編集部　注
編集の都合上、解答用紙は表裏１枚にまとめてあります。

【問題１】

次の文章を読んで，(1)から(5)の問いに答えましょう。**答えは，解答用紙（２枚中の１）に記入しましょう。**

やまと小学校では，毎年，秋に運動会を行っています。１年生から６年生までが３つの団に分かれ，団対抗《たいこう》で優勝《ゆうしょう》を目指します。運動会では，６年生が中心となって，準備を行います。今年の６年生は，昨年の運動会をふり返ってから，準備を始めることにしました。**表**は，昨年の運動会のアンケート結果です。

表

（単位：人）

項目《こうもく》	できた	だいたいできた	あまりできなかった	できなかった	合計
① 運動会を楽しむことができた。	１２０	４２	１７	２	１８１
② 自分から進んで取り組むことができた。	２２	３８	８６	３５	１８１
③ ルールを守って活動することができた。	９４	４６	２８	１３	１８１
④ ほかの学年と協力して取り組むことができた。	２２	３８	５９	６２	１８１
⑤ 練習にしっかり取り組むことができた。	２６	１０６	３５	１４	１８１
⑥ 責任をもって自分の仕事を行うことができた。	３９	４６	３４	６２	１８１

（対象：５年生，６年生）

(1) 各団の団長が集まり，**表**をもとに，次のような**話し合い**をしました。

話し合い

宏美《ひろみ》：表のアンケート結果で，一番評価が高かった項目は，何番だと思いますか。
健一《けんいち》：ぼくは，項目①番だと思います。なぜなら，「できた」「だいたいできた」と答えた人数が，すべての項目の中で，一番多いからです。
宏美：では，一番評価が低かった項目は，何番だと思いますか。
恵太《けいた》：ぼくは，項目［ア］番だと思います。
なぜなら，
［イ］
健一：ぼくもそう思います。その項目で評価が一番低かったことは，昨年の運動会での大きな課題だと思います。

恵太さんになったつもりで考えて，［ア］に当てはまる数字を，［イ］に当てはまる言葉や数字を書きましょう。

(2) 健一さんの団では，昨年の運動会での課題をふまえ，全学年で一緒《いっしょ》にダンスを行うことにしました。**表**は，健一さんの団に所属する各学年の人数です。

表

1年生	2年生	3年生	4年生	5年生	6年生
29人	31人	26人	26人	29人	33人

ダンスを行うにあたり，1年生から6年生まで，できるだけすべての学年がそろう6人組のグループを作ろうとしたところ，すべての学年がそろわないグループができてしまうことが分かりました。

すべての学年がそろわないグループは，いくつできると考えられますか。また，そのように考えた理由を，言葉や数字を使って書きましょう。ただし，グループの人数は6人のままで変えないものとします。

(3) 健一さんの団に所属する６年生は，ダンスの練習を積み重ね，運動会まで残り１週間となったところで，話し合いをしました。

① 健一さんは，６年生に，次のような今後の**ダンス練習計画**を配りました。□には，本番４日前の練習内容が入ります。前後の練習内容をふまえ，健一さんになったつもりで考えて，書きましょう。

ダンス練習計画

９／１１（月）	団全体で練習を行う。
９／１２（火）	６年生が□
９／１３（水）	グループごとに，ダンスの発表をする。
９／１４（木）	団全体で通し練習を行う。
９／１５（金）	予行練習
９／１６（土）	運動会当日

② 話し合いの中で，「３年生がまじめにダンスに取り組まない。」「３年生が恥《は》ずかしがって，しっかり踊《おど》らない。」という意見が出て，３年生を責めるような雰《ふん》囲《い》気《き》になってしまいました。

健一さんは，６年生に，団長としての自分の考えを話すことにしました。どのようなことを話せばよいでしょうか。健一さんになったつもりで考えて，話す内容を４０字以上６０字以内で書きましょう。

(4) 運動会当日，健一さんの団（赤団）では，各学年が協力して取り組み，ダンスを大成功のうちに終えることができました。また，各団員が，個人種目でもよく頑張《がんば》り，午前の競技が終わった段階《だんかい》で，**表１**のように，３団中２位につけることができました。

赤団が確実に優勝するためには，午後の種目で，少なくとも何種目で１位をとればよいでしょうか。**表２**の午後の種目の得点表を参考に，そのように考えた理由も合わせて，言葉や数字を使って書きましょう。

表１

赤団	青団	黄団
３９５点	３８２点	４０１点

表２

<table>
<tr><th>午後の種目</th><th>１位得点</th><th>２位得点</th><th>３位得点</th></tr>
<tr><td>つな引き</td><td rowspan="5">２０点</td><td rowspan="5">１０点</td><td rowspan="5">５点</td></tr>
<tr><td>玉入れ</td></tr>
<tr><td>５年団対抗リレー</td></tr>
<tr><td>６年団対抗リレー</td></tr>
<tr><td>代表団対抗リレー</td></tr>
</table>

(5) 運動会の後，健一さんの団に所属した６年生たちの間で，次のような**会話**がありました。

会話

健一：今年は全学年で一緒にダンスを行ったことで，各学年が協力して運動会に取り組むことができたね。

雅美《まさみ》：今まで頑張ってきたから，ダンスが終わってしまうのは少しさびしいね。

美紀《みき》：運動会が終わると，ほかの学年の人たちと交流する機会は少なくなるよね。

健一：せっかくほかの学年と交流する機会ができたのだから，これからも何か続けていきたいな。

雅美：これをきっかけに，１年生から６年生までが，協力しながら学校生活を送っていけたらよいよね。

美紀：それだったら，

□

雅美：それはよい考えだね。さっそく先生方にも相談してみようよ。

会話の □ に当てはまる言葉を，美紀さんになったつもりで考えて，８０字以上１００字以内で書きましょう。

(60字)

(4)

(種目数)

(理由)

(5)　（１字あけずに，「→」から横に書きましょう。また，段《だん》落での改行はしないで続けて書きましょう。）

→

(80字)

(100字)

(3)

①

②

（お手玉の個数）　　（個）

（費用）　　（円）

③

ア

イ　（１字あけずに，「→」から横に書きましょう。また，段《だん》落での改行はしないで続けて書きましょう。）

→

（60字）

（80字）

【問題２】

次の文章を読んで，(1)から(3)の問いに答えましょう。**答えは，解答用紙（２枚中の２）に記入しましょう。**

赤城《あかぎ》小学校では，６年生の総合的な学習の時間に，高齢化《こうれいか》社会を考える活動や高齢者《こうれいしゃ》と交流する活動を行いました。

(1) 直美《なおみ》さんたちのグループは，次の**図**をもとに，日本の年齢《ねんれい》別人口の変化について**話し合い**をしました。

図

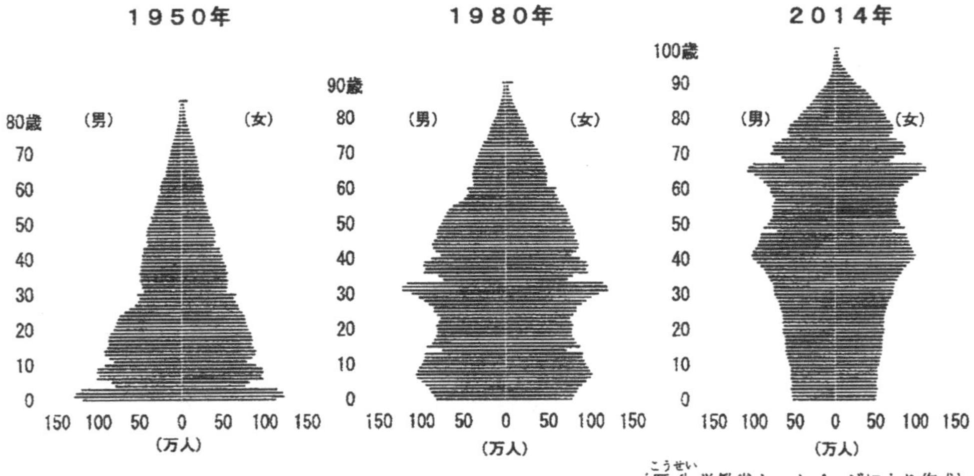

（厚生《こうせい》労働省ホームページにより作成）

話し合い

直美：	**図**を見て，どんなことに気づいたかな。
健太《けんた》：	どの年も，男女でそれほど大きな違《ちが》いはないみたいだね。
愛理《あいり》：	１９５０年は，年齢の低い人たちが多く，山のような形になっているね。
健太：	１９８０年は，３０歳《さい》あたりの人口が一番多いよね。それから，７歳以下では，年齢が低いほど人口が少なくなっていることが気になったよ。 ２０１４年は， ［　ア　］
直美：	**図**にはないけれど，このままいくと，２０５０年はどうなっているかな。
愛理：	２０５０年は， ［　イ　］

図をもとに，**話し合い**の［ア］，［イ］に当てはまる言葉や数字を，それぞれ健太さん，愛理さんになったつもりで考えて，４０字以上６０字以内で書きましょう。

(2) 美保《みほ》さんたちのグループは，赤城市役所福祉課《ふくしか》の大竹《おおたけ》さんに，高齢化社会について次のような**取材**を行いました。

取材

美保：今日は，赤城市の高齢化社会についての取材にうかがいました。まずは，赤城市の５年前と現在の総人口を教えてください。

大竹：２０１２年の総人口は６８０５０人で，２０１７年の総人口は６７５４０人です。

太郎《たろう》：では，６５歳以上の高齢者人口についても教えてください。

大竹：２０１２年の高齢者人口は１９０１４人で，２０１７年の高齢者人口は２０４１１人です。総人口に占《し》める６５歳以上の人口の割合《わりあい》である高齢化率については，２０１２年が２７．９％で，２０１７年が３０．２％です。
さらに２０２２年には，２０１７年より総人口が７９０人減少し，高齢者人口が１７５０人増加すると予測されています。

太郎：高齢化が進んでいくのですね。

大竹：赤城市では，一人暮《く》らしの高齢者が増えており，買い物や通院などで困《こま》っている方がいます。赤城市では，そうした高齢者を地域《ちいき》で支える取り組みとして，地元の公民館で交流会を行っていますが，ほかにも何か支援《しえん》できないか，検討《けんとう》しているところです。みなさんもよい考えがあったらぜひ教えてください。

美保：はい。学校に戻《もど》ってから，みんなで考えたいと思います。
大竹さんの話を聞いて，赤城市の高齢化の現状がよく分かりました。本日は，ありがとうございました。

① **取材**から帰ってきた美保さんたちは，大竹さんの話をもとに，２０１２年から２０２２年までの人口や高齢化率の変化を**表**にまとめました。**表**の［ア］，［イ］にあてはまる数字を書き，**表**を完成しましょう。

表

	２０１２年	２０１７年	２０２２年
総人口	６８０５０ 人	６７５４０ 人	６６７５０ 人
高齢者人口	１９０１４ 人	２０４１１ 人	［ア］人
高齢化率	２７．９ ％	３０．２ ％	［イ］％

② 高齢者を地域で支える取り組みとして，市に提案したい考えを，**取材**の内容をふまえて，書きましょう。

(3) 拓也《たくや》さんたちのグループは，高齢者を招いて，一緒にレクリエーションをするために，次のような**話し合い**をしました。

話し合い

拓也：お年寄りは，どんなレクリエーションをすれば喜んでくれるのかな。
知美《ともみ》：昔の遊び道具を使って交流するというのはどうかな。
綾乃《あやの》：それはよい考えだね。わたしのおばあちゃんは，子供の頃《ころ》，よくお手玉で遊んでいたと言っていたわ。
拓也：お手玉って，いろいろな遊びに使えそうだね。
勇太《ゆうた》：それなら，お手玉を使ったレクリエーションを考えようよ。せっかくだから，お手玉を手作りして，レクリエーションが終わったら，プレゼントしようよ。
綾乃：それはよい考えだね。おばあちゃんからお手玉の作り方を教わってくるね。
勇太：ところで，お年寄りは，何人来てくれるのかな。
拓也：ぼくたちのグループには，８人来てくれるそうだよ。
知美：来てくれた方みんなが喜んでくれる，よいレクリエーションにしたいね。

① 綾乃さんは，おばあちゃんからお手玉の作り方を教わり，**作り方（手順）**をまとめました。**手順３**の**説明**を書きましょう。

作り方（手順）
（準備するもの：布，針《はり》，糸，つめ物，鈴《すず》）

手順１	手順２	**手順３**	手順４
布のうらがおもて側になるように布を半分に折り，長辺をぬって筒状《つつじょう》にする。	筒《つつ》の下側をぬい，糸を引っ張ってしぼった後，玉どめをする。	**説明**	糸を引っ張ってしぼった後，糸は切らずに鈴をぬいつけ，玉どめをする。
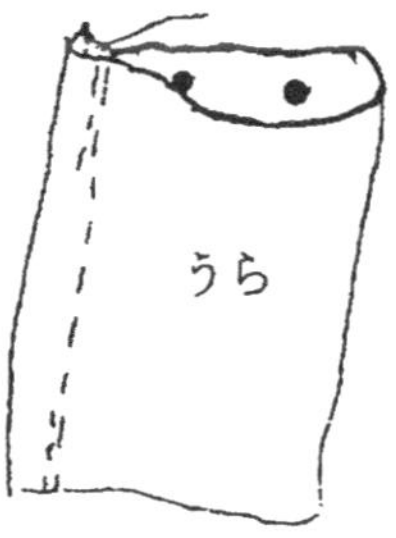	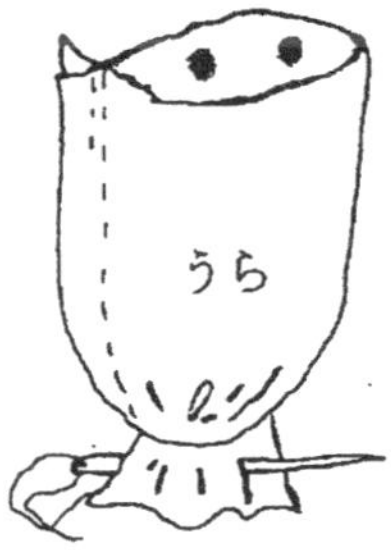		

② 拓也さんたちは，レクリエーションで使うお手玉を作ることになりました。布と鈴以外は用意されています。下の**条件**にしたがって作るとき，お手玉は最大何個作れますか。また，そのときにかかる費用を書きましょう。

条件

・予算は２０００円以内とする。
・店で売られている布は，９５cm×３０cmで，１枚４２０円で購入《こうにゅう》できる。
・お手玉１つに使う布は，１８cm×１２cmとする。
・鈴は１つのお手玉に１つぬいつける。
・鈴は１ふくろ１０個入りで，１ふくろ１８０円で購入できる。
・布が余っても，ぬい合わせることはしない。
・消費税は値段《ねだん》にふくまれているものとし，計算する必要はない。

③　拓也さんたちは，お手玉を使ったレクリエーションを行うための**計画書**を書くことにしました。どのようなレクリエーションをするかを，拓也さんになったつもりで考えて，ア にレクリエーション名を，イ にその遊び方の説明を６０字以上８０字以内で書きましょう。なお，使うお手玉の個数は自由とし，お手玉以外の道具を使ってもよいものとします。

計画書

1　＜活動日時＞

○月○日　○時間目

2　＜参加者＞

小学生４名（拓也，知美，綾乃，勇太），高齢者８名

3　＜レクリエーション名＞

ア

4　＜レクリエーション（遊び方）の説明＞

イ

5　＜用意するもの＞

平成30年度

群馬県立中央中等教育学校入学者選抜

適性検査Ⅱ

(45分)

注　意　事　項

1　「始めなさい。」の指示があるまで，問題用紙を開けてはいけません。
2　問題は，２ページです。解答用紙は１枚です。
3　解答は，すべて，解答用紙の決められた場所に書きなさい。
4　「やめなさい。」の指示があったら，すぐに筆記用具を置き，問題用紙と解答用紙の両方を机の上に置きなさい。

【問題】

次の学級会での会話文を読み，資料を見て以下の(1)，(2)の問いに答えなさい。

計画委員：私たちの学級のしょうかい記事が今度の学校新聞にのることになりました。先月号の５年２組の記事は林間学校のことなどがのっていて，たくさんのお父さんやお母さんから「学校のことがよく分かる」とほめられたそうです。今回の記事も６年１組のよさがよく伝わるものにしたいと思います。担任の清水先生からも小学校最後の３学期をよりよくするために，今までの生活をふり返って，学級のみんなでがんばりをみとめあえるようにとお話がありました。

そこで，先週みなさんに１・２学期をふり返ってどんな記事がよいかアンケートをとったところ，グラフのようになりました。今日はどんな記事をのせるか学級会で決めたいと思います。それでは，みなさんに意見を出してもらいたいと思います。意見のある人は手をあげてください。

こうた：全校でやった長なわとび大会の記事が良いと思います。みんなで気持ちを一つにしてがんばることができました。今までの行事で一番もり上がっていたと思います。

ゆうか：私はクラスで育てた野菜をみんなで食べたしゅうかく祭を記事にするといいと思います。野菜が苦手な子も楽しく食べられたので良かったと思います。

あゆむ：ぼくは遠足についての記事をのせるといいと思います。バスの中でやったレクリエーションは，みんなとても楽しそうだったし，登山では，はげまし合って山ちょうまで登ることができたからです。

まい：アンケート結果としては５人と少なかったのですが，私は，行事のことより毎日の授業でがんばったことを記事にすると良いと思います。グループ学習で教えあいながら問題を解いたり，発表資料を作ったりして，みんなで協力して勉強すると，むずかしいことも楽しく感じたからです。

計画委員：他に意見がありますか。意見がないようなので，これでしめ切りたいと思います。この後どうやって意見をまとめますか。だれか意見を言ってください。

資料 アンケート結果

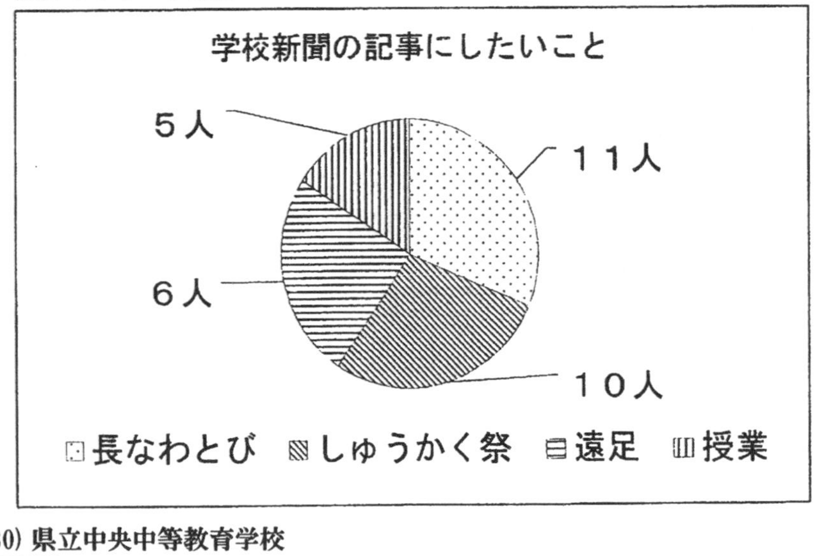

学級しょうかい（六年一組）

受検生用 2

パーソナルプレゼンテーション事前課題発表用紙

受検番号	

名　　前	

※　自分の考えを伝えるための言葉（4 文字以内）または絵のいずれか一方を，

この裏《うら》の□の中にかいてください。

平成三十年度

太田市立太田中学校入学者選抜

受検番号
氏　名

作文

（45分）

注意事項

一　「始めなさい。」の指示があるまで、問題用紙を開いてはいけません。

二　問題用紙と解答用紙は、それぞれ一枚ずつです。

三　作文は解答用紙に書きましょう。

四　「やめなさい。」の指示があったら、すぐに筆記用具を置き、問題用紙と解答用紙の両方を机の上に置きましょう。

【問題】

次のA、B、Cの三つの資料に書かれていることをよく読んでから、あとの【課題】に答えましょう。

A

百獣《ひゃくじゅう》の王とも呼ばれるライオン。ふだんは1～3頭のおすを中心に、めすと子どもたちで「プライド」という群れを作ってくらしています。そして、めすが協力してかりをし、おすはプライドを守ります。

おすは、なわばりに入ってきた他のおすライオンと戦いますが、その相手は放浪《ほうろう》している若くてたくましいおすということもあります。

この戦いでプライドのおすが負けると、相手にプライドを乗っ取られ、もとのおすは追い出されます。その結果、ひとりぼっちになり、えものをとらえることもできず、すぐに死んでしまうこともあるようです。また、乗っ取られたプライドでは、たいてい新リーダーがもとのリーダーの子どもをすべて殺します。

B

アライグマという一見《いっけん》かわいらしい動物がいますが、実は気しょうがあらくて、飼うのに向いていません。1970年代から放映が始まったアニメで人気が出て、ペットとして日本に持ちこまれました。見かけとは違って飼いづらいため、野外に逃《に》がされるなどした結果、すっかり定着し、分布域《ぶんぷいき》が広がっています。日本の生態系への適応能力が高いため、日本のほとんどの都道府県で見られる動物になりました。人家《じんか》の屋根に巣を作って、子育てをすることもあります。畑でトウモロコシやスイカなどの農作物を食いあらす被害《ひがい》も増えています。サワガニなどの日本にもとからいた「在来種《ざいらいしゅ》」を食べてしまうこともあり、生態系への被害が広がっています。

【太田 作

平成三十年度　太田市立太田中学校入学者選抜

作文解答用紙

選んだ資料

と

受検番号

氏名

題名

（二十字×三十行）

100字

200字

（配点非公表）

６００字

５００字

４００字

３００字

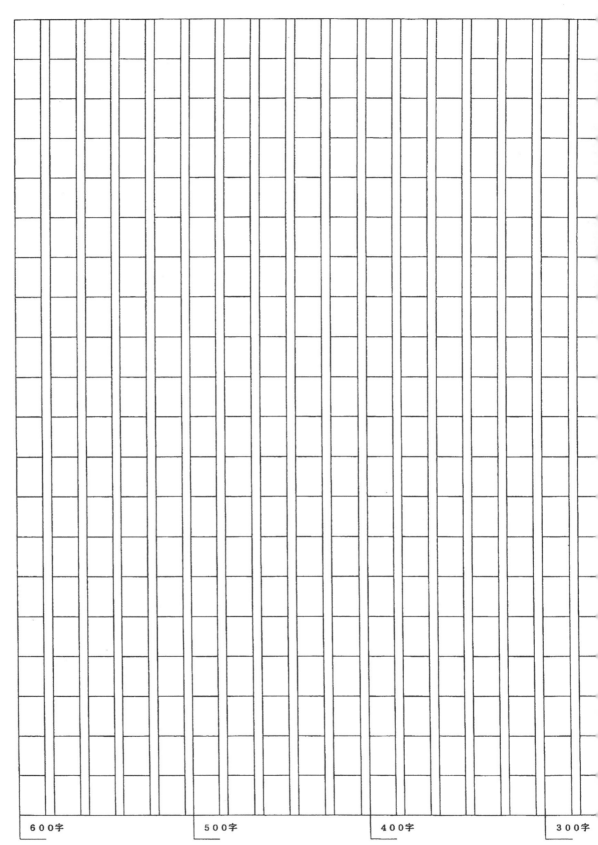

C

ブチハイエナは、ライオンなどが食べ残したえものの肉を、このんで食べるため、「草原のそうじ屋」と呼ばれていました。

しかし、近ごろでは研究が進み、自分たちでもさかんにかりをして、えものをつかまえていることがわかりました。

ブチハイエナは、仲間どうしのつながりがとくに強い動物です。自分より大きなえものでも、仲間全員で力を合わせて、たおしてしまいます。

また、ケガをしたり年をとったりして、かりができなくなったもののために、ちゃんと食べ物を残しておいてあげたり、何かの理由で、お母さんがいなくなってしまった子どもには、別のお母さんが、おちちを分けてあげたりすることがあります。これらは、他の動物にはあまり見られない行動です。

【課題】

あなたが資料を読んで、考えたことを次の**〈条件〉**にしたがって書きましょう。

〈条件〉

① 三つの資料をすべて使うのではなく、自分で選んだ二つの資料を関連づけて書くこと。（選んだ資料の記号を解答用紙に書くこと。）

② 作文にふさわしい題名を考えて書くこと。

③ 自分の体験と結びつけて書くこと。

④ 四百字以上、六百字以内にまとめて書くこと。

出典・石塚麻衣編（2017）『泣けるいきもの図鑑』学研プラス.

・子供の科学編集部編（2014）『消えゆく野生動物たち―そのくらしと絶滅の理由がわかる絶滅危惧種図鑑』（子供の科学★サイエンスブックス）誠文堂新光社.

・阿部毅（2005）『おどろきと感動の動物の子育て図鑑②』今泉忠明ほか監修、学習研究社.

（この余白は自由に使いましょう。）

受検生用 1

パーソナルプレゼンテーション（PP）について

1　事前課題

社会で活躍《かつやく》するために努力したいこと

2　当日までの準備

(1)　事前課題について，体験をもとに自分の考えをまとめてください。

(2)　自分の考えを伝えるための**言葉（4文字以内）**または**絵**を発表用紙にかいてください。

(3)　作成した発表用紙を，出願手続時に配付された受検生用封筒に入れ，選抜検査当日に持ってきてください。

3　PPの順序

(1)　検査室への入室：準備した発表用紙を持って入室します。

(2)　事前課題の発表：事前課題について，自分の考えを発表します。

(3)　当日課題の発表：当日課題について，自分の考えを発表します。

(4)　検査室からの退室：発表用紙を置いて退室します。

4　注意事項

(1)　発表用紙

①　コンピュータやカメラなどを使用して作成したものは使えません。

②　A3判の大きさであれば，配られたものと違《ちが》う紙を使ってもかまいません。その際には，受検番号と名前を裏《うら》に記入してください。

(2)　発表方法

①　発表用紙を黒板に貼り，立って発表します。

②　事前課題の発表時間は2分間です。

③　発表用紙以外のものは使用できません。

適性検査Ⅱ　解答用紙

（平成 30 年度）

受検番号		氏名	

（配点非公表）

（１）（一字あけずに，「→」から横に書きましょう。また段落での改行はしないで続けて書きましょう。）

→

（140 字）

（180 字）

（２）

(1)　あなたなら，この後どのような意見を言ってこの話し合いをまとめますか。意見を141字以上180字以内で書きましょう。

(2)　(1)のあなたの意見をもとに右のような学校新聞に記事を書くとすると，あなたならどのような記事の案を書きますか。記事に見出しをつけ，本文を書きましょう。

あなたの学校での体験などをもとに登場人物や出来事を想像して書きましょう。

資料　学校新聞

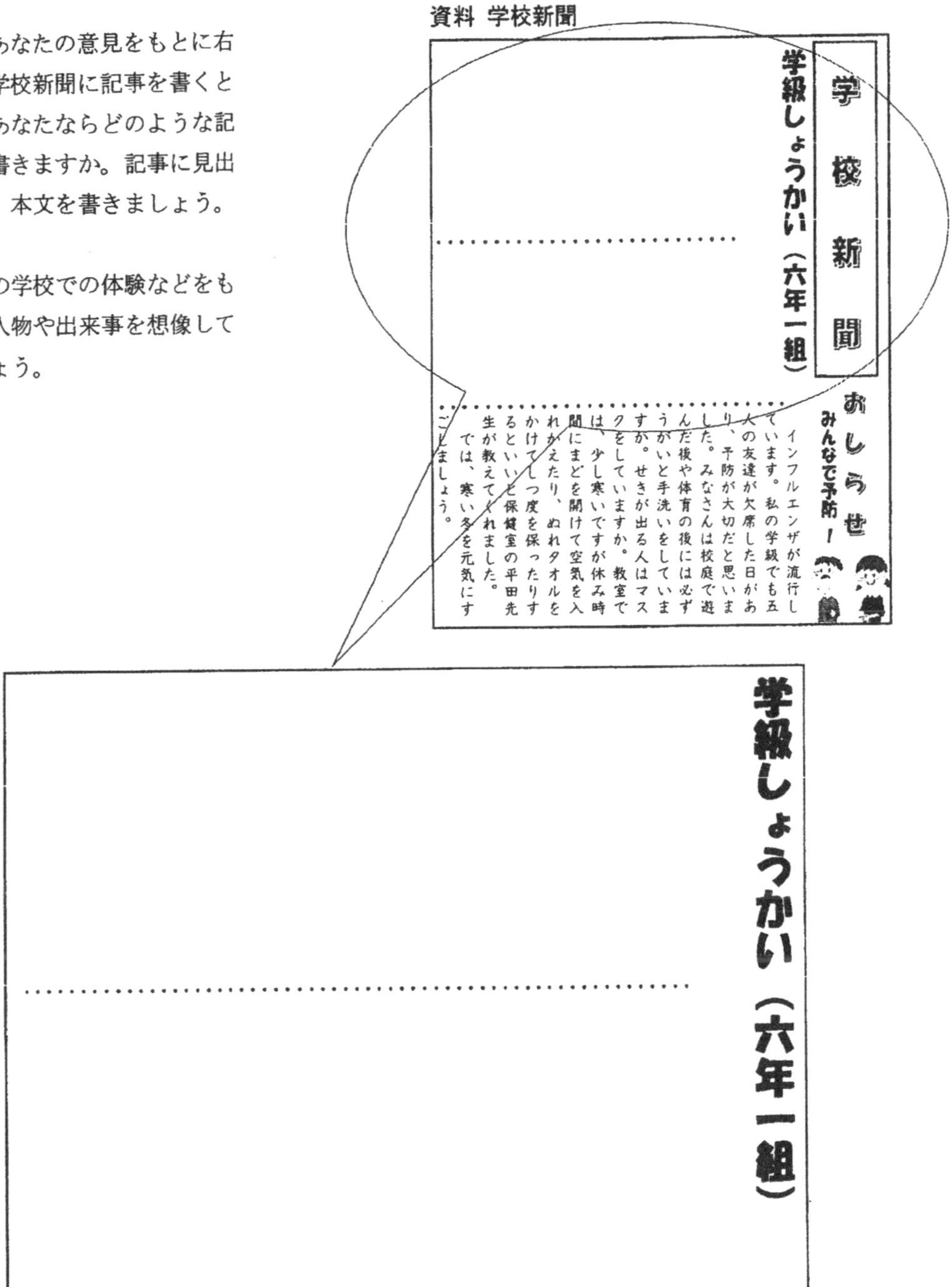

学校新聞
学級しょうかい（六年一組）
おしらせ
みんなで予防！
インフルエンザが流行しています。私の学級でも五人の友達が欠席した日があり、予防が大切だと思いました。みなさんは校庭で遊んだ後や体育の後には必ずうがいと手洗いをしていますか。せきが出る人はマスクをしていますか。教室では、少し寒いですが休み時間にまどを開けて空気を入れかえたり、ぬれタオルをかけてしつ度を保ったりするといいと保健室の平田先生が教えてくれました。
では、寒い冬を元気にすごしましょう。
学級しょうかい（六年一組）

2018(H30) 県立中央中等教育学校
K 教英出版

適性検査Ⅰ　解答用紙（２枚中の２）	（平成３０年度）	受検番号		氏名	

【問題２】

(1)

ア（１字あけずに，「→」から横に書きましょう。また，段《だん》落での改行はしないで続けて書きましょう。）

→

(40字)

(60字)

イ（１字あけずに，「→」から横に書きましょう。また，段《だん》落での改行はしないで続けて書きましょう。）

→

(40字)

(60字)

(2)

①

ア　（人）

イ　（%）

適性検査Ⅰ　解答用紙（２枚中の１）	（平成３０年度）	受検番号		氏名	

（配点非公表）

【問題１】

(1)

ア

イ

(2)

（グループ数）

（理由）

(3)

①

②（１字あけずに，「→」から横に書きましょう。また，段《だん》落での改行はしないで続けて書きましょう。）

→